JN029552

＼ 100字解説 ／

改訂
2版

合格
英単語
600

受験情報研究会

■まえがき

「英単語は、最低何語まで暗記しなければ合格できないのか」そんなテーマや疑問に答えるために、受験戦線を勝ち抜いてきた現役の学生を中心に、出版社側の求めに応じて組織されたのがこの「受験情報研究会」だった。

20年も前になるが、当時のメンバーのなかには東大生もいた。いわく、「最低1500語などと言われるが、そのための勉強ばかりをしていると貴重な時間をムダにしてしまう」「自分はそんな多くの単語を覚えていない」「構文など文法や長文読解に役立つ単語を優先的に覚えるようにしたほうがいい」「英文を読むうえで"核"になる単語を覚えることが受験英語の実力を上げる最短距離になる」。メンバーによって蓄積された「各大学の英単語データ」を分析した結果、当時のメンバーは「600語で十分」という結論に達した。

これが『合格英単語600』の原点だ。毎年版を重ねるうちに「600語」も当然変わる。さらに本書の特徴に「100字解説」がある。実はこの解説文の中に「関連語」が隠されている。その結果「600語」を超える「英単語」が身に付くことになる。

本書は、英語の勉強が苦手な君たちにも、「スタート＆スピードアップ」の役に立つはずだ。志望校合格の手助けとなることを信じている。

受験情報研究会

目次

改訂2版 合格英単語600

コーヒー・ブレイク①
●混同しやすい単語の対処法 82

コーヒー・ブレイク②
●合格するするための辞書の使い方 134

1章

英単語は
この600語で
十分

1 単語勉強のワナにはまるな！

単語を数多く覚えても、実力はつかない

「英単語が覚えられない」と嘆く受験生が多い。
学校や予備校の先生は「1500語は覚えろ」「一流校を狙うなら1500では足りない」などと言うが、1000語だって頭に詰め込むのは至難のわざだ。覚えてもすぐに忘れてしまい、あげくのはてに「自分は英語ができない」と悩むハメになる。

　これでは、英語の実力がつくどころか、英語嫌いになってしまい、受験で苦労するだけだ。受験科目が少ない私大でも、英語はほとんど必須科目だし、国公立大狙いなら、英語が苦手だと、5教科7科目の勉強もお手上げだろう。英語に時間をとられたら他科目の勉強が手薄になるからだ。

実力をつける単語の勉強にはやり方がある

　この本は単語集だが、覚えるべき単語数を600語にしぼっている。
「たった600語で、ほんとうに大丈夫なのだろうか」と不安を感じている人もいるにちがいない。じつは1500語も2000語も単語を覚えようとしても、落とし穴にはまるだけなのである。

　そのことをまずわかってもらいたいので、この章では、次の3つのポイントから説明していく。

効率よく覚えるための３つのポイント
①受験生がおちいりやすい単語勉強の誤解
②実力をつける英語勉強法とはどういうものか
③数多くの単語を暗記するのはムダ

［ポイント①　単語学習の大きな落とし穴］

　受験英語では、長文読解が大きな比重を占めている。個々の単語の意味や発音、アクセントなどが問われる問題は、パーフェクトにできても稼げる点数はたかが知れている。英文が読めなくては、受験では通用しないのだ。

　にもかかわらず、多くの受験生は、１つでも多くの単語を覚えなくてはいけない、という大誤解におちいってしまいやすい。単語がわからなければ、英文は読めるようにならないと思い込んでいるからだ。

　では、単語を数多く知っていれば、英文はほんとうに読めるようになるのだろうか。

　つぎの英文を訳してほしい。

　It was not that they went fishing without any care for catching fish, but they would just as soon catch them and put them back.

　この英文で知らない単語があっただろうか。中学単語だけで構成されている英文だから、まったく知らない単語などないはずである。

　では、この英文の意味がつかめただろうか。長い文章の一部分だけを取り出したせいもあって、やや

わかりにくいが、意味がつかめなかった人のほうが多いのではないだろうか。

　この英文の意味は、「それは、彼らが魚を捕らえるのが好きでもないのに釣りに来ていたからではなく、魚を捕らえてもまた放してやりたいと思っていたからである」となる。

　これは東大の英文和訳問題の一部だ。相当昔の出題だが、単語を知らないと英文が読めるようにならない、という受験生の誤解を解くのにはまさにうってつけの問題だ。

　苦労して単語を数多く覚えても、英文を読む力はつかないことがわかるだろう。そのことを、まずしっかりと頭にたたきこんでほしい。

［ポイント②　実力をつける英語勉強法とは］

　では、英語の実力をつけるには、どのような勉強法をしていったらいいのだろうか。

　下の図を見てほしい。

英語・実力アップの３ステップ

③単語
・熟語

②英文の多読
（英文への慣れ）

①文法の理解（構文）

　英語が読めるようになるには、まず文法をよく理解する必要がある。

たとえば簡単なところでは、英語は「主語(S) ＋動詞(V) ＋目的語(O)」とか「主語(S) ＋動詞(V) ＋補語(C)」といったものがある。これがわかっていないと、ちょっと複雑な英文はたちまちわからなくなる。これが第1段階だ。

　ただし、文法を覚えただけではダメで、多くの英文に接して、どのように文法が使われているのか、英文に慣れる必要がある。これが第2段階。

　さらに、多くの英文に接していれば、かならず知らない単語や熟語に出くわすから、その勉強が必要になってくる。

　つまり、単語は、英語の勉強のなかでも第3段階のものであって、最初にくるものではない。

　ところが、多くの受験生は1語でも多くの単語を暗記することに力をとられてしまい、そのために文法の勉強などがおろそかになる。それが大間違いのモトなのだ。

［ポイント③　数多くの単語を覚えるのはムダ］

　ここまで読んできたら、単語を頭に詰め込む勉強のやり方は効率的ではないことがキミたちにもわかってきただろう。

　先にあげた英語勉強の3ステップは、ある程度同時並行で進めていく必要があるが、まずやるべきは文法なのだ。英語が苦手な人ほど文法の勉強をイヤがるが、それではますます英語が苦手になるだけだ。

この本が600単語にしぼったのも、受験生の単語を覚える負担をできるだけ軽くして、その分、**本来の文法の勉強や、英文を読む時間にあてるのに使ってほしいからである。**

2 英単語は、この600語で十分！

東大合格者でも1500語なんて覚えていない？

　受験英語では、1500語も2000語も覚える必要はない。この本の600語で十分なのである。

　私たち受験情報研究会は、新学期に東大に合格した新入生たち数百人のアンケート調査を行なった。どの単語を覚えていて、どの単語が覚えていなかったかの調査である。この調査で、東大合格者が覚えていた単語数はそう多くはなく、1500語〜2000語なんて覚えている人はまずいなかったということが明らかになった。

　市販の1500語とか2000語の単語集を買っても、最後まですべて覚えたという人は、全体の10パーセント以下だった。「全部暗記しようとしたが、半分しかやれなかった」「途中でやめた」という人がほとんどだったのである。

　人一倍勉強してきたはずの東大合格者でも、単語に関してはこのありさまである。しかし、それでも合格している。この事実からも、無理に数多くの単語を覚える必要がないことがわかる。

600語はこうして選ばれた

　東大合格者でも覚えていた単語数はそれほど多くはなかった。しかし、詳しく見ていくと、覚えていた単語は多くの人に共通するものが多かったのである。

　ということは、これだけは覚えておいたほうがいいというキーになる単語がいくつかあるはずである。そこで、私たちはまず、入試問題や受験参考書に出てくる単語を1語1語取り出してリストアップしてみた。その数、およそ6000語。

　この6000語リストを東大合格者に見てもらい、東大合格者でもほとんど覚えていなかった単語は、受験では必要ないと判断してリストからはずした。この時点で1500語残った。

　さらに、受験生ならまず知っているはずの簡単な中学英語や、sufficientとsufficientlyといった、1つの言葉を知っていれば、その派生語はかんたんに類推できるものは、**合格者が覚えやすかったという単語を1つだけ残し、あとはカットした。こうして残ったのが、600語なのだ。**

この600語が合格への早道

　この本の600語をきちんとおさえておけば、受験英文は読めるようになる。というのも、試験に出る単語と、試験問題を解くために必要な単語は同じではないからである。

　これはどういうことか。

たとえば、試験によく出るといわれる単語の１つに、virtue（美徳）がある。この単語が出てくる次の英文を読んでほしい。

　Because more emphasis is placed on the virtues of people and qualities of individuals in China, the Chinese people don't consider good-looks as a great value.

　このとき、virtue の意味がわからなくても、「中国では人々の virtue や個人の資質に、より大きな重きが置かれるので、中国の人々は、見た目のよさを大きな価値とは考えていないのだ」とまでは訳せる。ほかの単語や構文がちゃんとわかれば、文意を把握することはできる。

　この virtue のように、意味がわからずに適当に訳しても、文章全体ではたいして問題にならない単語は、合否にはたいして影響しない。知らなくても、せいぜい１、２点の減点ですんでしまう。

　しかし、構文をとれなかったり、あてずっぽうで訳すと、文全体の意味が変わってしまう単語を知らないと、大きな減点につながる。そういった単語こそ、何がなんでも覚えておくことが合格にいたる道なのである。

入試問題に出る英単語には３種類ある

　入試に出る英単語には３つの種類がある。

　１つ目が、その単語を知らないと、文章の意味がとれないとか、誤訳する恐れが大きいもの。文章を

読むのにキーワードとなる単語である。

　２つ目が、受験勉強で英文にふれていくうちに、なんとなく意味がわかるようになったり、前後のつながりから意味が推理できる単語。

　３つ目は、意味がとれなくても合否に関係のない単語だ。

　市販の1500語とか2000語ものせた単語集は、じつはこの３種類の単語がごちゃまぜになって、かえって単語学習を非能率にしていることがある。

　たとえば、conceit（うぬぼれ）や eloquent（雄弁な）。これらは、受験生によく知られている某有名単語集では、「いつも狙われる重要単語」とされているが、私たちのアンケート調査では、東大合格者ですら覚えていない単語だった。つまり、覚えなくていい単語である。そんな単語まで必死になって覚えても、時間と努力のムダというものだ。

　その点、この本では英文を読解するうえでキーワードになる単語にしぼっている。だからこの600語を覚えれば、単語力だけでなく、英語力もどんどんついてくるはずだ。

３ 英語力を伸ばす600単語の生かし方

600語を覚えるための効率のいい方法

　単語集を開いて、ひたすら単語を暗記する
この本は、そういう使い方をしないでほしい。最終的には覚えなくてはいけないが、最初から暗記しよ

うとするのは、じつはとても能率の悪い覚え方なのである。

この本は、次のように使っていってほしい。

英語の実力をつける単語勉強法

①まず解説を読む。

②参考書や問題集と同時並行して使う

③英文でわからない単語が出てきたら、本書の索引を引く。索引に出ていない単語は、その意味を推理してみる。

それでは、それぞれのやり方を説明していこう。

［勉強法①　解説で、受験に役立つ情報を得る］

この単語集では、各単語に100字前後の解説文がついている。この解説にはかならず目を通してほしい。というのも、先輩たち合格者が、受験勉強のなかで気づいた、受験で役立つ情報がふんだんに詰まっているからだ。

たとえば、abundant（豊富な）と、abandon（捨てる）は混同しやすい。これを防ぐには、覚えるときに「アバンダント」の「ト」をとくに意識して発音しながら覚えるといい、という体験者の"知恵"がある。

そのほか、こうすればすぐ覚えられるという覚え方、辞書的な訳語で覚えるよりも、違う覚え方をしたほうが和訳しやすくなる語など、「この単語ではこういうことがカギになる」という情報が詰まっているので、この解説を読むだけでも得点アップにつな

がってくるというわけだ。

［勉強法② 参考書や問題集と同時並行で覚える］

　この単語集を使って単語を覚えるときは、単語だけをひたすら覚えるというやり方だけは、絶対にしないでほしい。というのも、参考書や問題集といっしょに使うことで、この単語集は効力を発揮するからである。

　その理由は600語の並べ方にある。600語はどれも重要な語で、重要度や覚える順などはつけにくいのだが、合格者たちの体験談をもとに、この本ではあえて順番をつけた。

　まず大きく品詞別に、名詞、動詞、形容詞・副詞・前置詞の３つのグループに分け、その中で、とくによく出てくる語、覚えやすく忘れにくい語から順番に並べていった。

　また、いっしょに覚えておいたほうが区別がつけやすく、混乱や記憶違いが防げるというものがあるが、そういう点にも配慮して、単語の順番を決めていった。

　だから、原則として３つのグループでは、それぞれ前のほうに登場する単語ほど、参考書や問題集にも何度も出てくる重要単語になっている。

　君たちが参考書や問題集で勉強するときも、こういう単語は何度も目にするはずだ。くり返し、同じ単語に接していれば、最初のうちは「この単語は覚えたはずなのに忘れていた」ということがあっても、

そのうちに自然に記憶に定着してくる。つまり、忘れなくなるのだ。

参考書や問題集と並行してこの単語集をやっていくと、あとのほうの単語にたどりついたときは、はじめのほうで覚えた単語をすっかり忘れていた、などという悲劇も防止できるのだ。

また、家で勉強机に向かい、おもむろに単語集を開いて覚えていく。英語勉強法として、これはまったく非能率的である。

単語の暗記は、べつに机の前でなくてもできる。たとえば、通学の電車の中、休み時間など、ちょっとした空き時間があれば、１語でも２語でも覚えることはできるのだ。

逆にいえば、「今日は10個単語を覚えよう」と、１時間も２時間もかけて暗記するのは、ひじょうにムダが多い。翌日になったら、半分でも覚えていたらマシなほうで、３日もすればみんなきれいさっぱり忘れてしまうはずだ。

それよりは、空き時間の利用で、１日に５個ずつでも覚えていったほうがいい。

そして、**英語の勉強時間としてとった時間は、机の前でしか勉強できないこと、つまり、文法問題や読解練習に使うべきなのである。**

また、このようにちょっとした空き時間をうまく利用すると、時間の使い方がうまくなり、他科目の勉強などにもいい影響が出てくるはずだ。

［勉強法③　わからない単語は、まず索引を探せ］

　実力をつけるための英語学習のいちばんのポイントがこの項目である。

　この単語集と文法や読解の問題集を同時並行で進めていくのだから、はじめのうちは、問題文に知らない単語がたくさん出てくるはずだ。

　そのとき気をつけたいのが、わからない単語が出てきても、すぐに辞書を引かず、本書の索引を引いてみるということだ。わからない単語が出てくるたびに辞書を引いていると、いつまでたっても辞書なしで英文が読めるようにならないことが多いからである。

　本番で知らない単語が出てきても、問題が解けるようになるには、ふだんから構文、前後の文脈などから、その単語の意味を〝推理〟する力をつけておくことが重要なのである。

　どんな英語の達人でも、はじめて読む英文に出てくる単語をすべて知っているわけではないが、知らない単語が出てきても、達人はちゃんと英文の意味をつかむことができる。知らない単語でもその意味を推理することができるからだ。

　英語の実力をつけるには、この〝推理力〟を養うことがひじょうに効果的なのだ。

　英語の問題を解いていて、うまく訳せない単語、わからない単語が出てきたら、まず、この単語集の最後についている「索引」を見てほしい。

　索引に出ていたら、その単語は、英文を読むうえ

でキーワードとなる600語である。その単語の訳語を英文にあてはめてみよう。

索引を探しても、その単語が見つからなかったら、その単語のところは、そのままとばして、文全体がどういう意味になるのかを考えてみよう。

そして、「こんな意味の文ではないだろうか」と推理したら、今度は辞書を引いて、わからなかった単語を調べ、自分の推理が合っていたかどうかを確認する。

これが英語の実力と深くかかわっている“推理力”を養ういちばんの方法なのである。

この方法をくり返していると、入試で必要な読解力や推理力がぐんぐんついてくることは間違いない。

索引の活用で、英語の実力が伸びる

この知らない単語を推測して英文を読む方法は、最初のうちはめんどうくさいと感じるかもしれない。また、なかなか推理があたらず、がっかりすることも多いだろう。

しかし、そんなことにはメゲずに、がんばって続けてほしい。

多くの文章にあたっていくうちに、構文のつかみ方や推理のしかたなどがわかってくるからだ。

だから、英文に取り組むときは、この本をつねに手もとに置いて活用してほしい。

なお、わからない単語を推理して、英文の意味を

考えたあとで辞書を引くのは、あくまでも正しく文章をとらえられたかどうかを確認するための作業である。その単語を覚えることが目的ではないことを、しっかり頭に入れておいてほしい。

推理力がついたら、単語は卒業だ！

こうして英語の勉強を進めていけば、600語のうちの400〜500語を覚えるころには、長文読解力や推理力がかなりついてきているはずだ。

長文問題を解いていて、知らない単語が出てきてももう大丈夫だ、という手ごたえを感じたら、600語が全部終わっていなくても、この単語集はもう卒業だと思っていい。この単語集の目的はすでに達成されているからだ。

あとは単語の暗記などは気にせずに、どんどん問題にあたっていけばいい。

とはいっても、英文を読むうえでキーワードになる600語がちゃんと頭にはいっているかどうか不安になる人もいるだろう。その場合は、索引で覚えているかどうかをチェックすればいい。

また、まだ覚えていない単語があり、それをどうしても覚えたいというときは、本文のその単語の部分だけを切りとって、カードにして持ち歩くなり、机の前にはっておくなりすればいい。

英語実力アップのために、この本をおおいに活用してほしい。

この本の使い方・生かし方

① 各単語は、その発音記号、訳語、およびその単語についての解説で構成されている。まず解説を読んでから、英単語と訳語を覚えるようにしてほしい。

② 2章の名詞編、および3章の動詞編では、とくに品詞は示していない。また、動詞は自動詞・他動詞の区別をせず、必要なときはそのつど解説文の中で加えた。

③ 訳語は、辞書の第一義ではなく、受験生が覚えていた、受験でもっとも役立つものを最優先で載せた。この単語集の訳で覚えることをおすすめする。

④ 解説文に「これも一緒に覚えておくといい」と書かれた単語は、まず、もとになる単語をしっかり覚えてほしい。そのあと、付帯情報を覚えたほうが、両者ともしっかり記憶できる。

⑤ 記憶チェック用索引・関連語リストは、チェック用としてぜひ利用してほしい。

⑥ 巻末にチャレンジ問題・章末テストを載せた。実際に英文を読むときの参考にしてほしい。また、単語チェック用に活用してほしい。

2章

これだけは覚えておきたい

名詞230語

　構文をつかむうえでもっとも重要なのは、主語を見つけ、その意味をとらえることだ。文中、主語になることが多いのが名詞である。当たり前のようだが、前置詞がついていたり、動詞の目的語であるときは主語ではない。ついうっかり、名詞だから主語だと決めてかかると、構文を取り違え誤訳するので注意。

1

ability
[əbíləti]

能力

be able to でおなじみの able の名詞形だが、「〜できる」を思い出せば「できる」＝「能力」と、この名詞形の意味もすぐ思い出せるはずだ。ability（　）で to を入れさせる問題がよく出るが、これも be able to からの類推ですぐわかる。

2

habit
[hǽbit]

習慣

同じ意味を表わす単語に custom があるが、その違いは、habit が「ついついやってしまう習慣」に対して、custom は「意識的な」ニュアンスがある。have a habit of …ing で「…する癖がある」と使われる。

3

budget
[bʌ́dʒət]

予算

政治・経済系の文章で頻出の単語で「バジェット」と読む。また、予算以外にも「経費」と訳すこともあり、a family budget と言えば「家計」という意味にもなる。

4

scheme
[skíːm]

計画・体系

発音に気をつけるべき語で、読み方は「スキーム」である。同じ「計画」を表す plan よりも堅い語で、説明的文章で使われることが多い。

5

dawn
[dɔ́ːn]

夜明け

発音に注意。明け方の意味のほか
に、新しい時代の始まりなども表わ
す。at dawn「（副詞）夜明けに」とな
り、類似語に sunrise「日の出」、その
反対語の sunset「夕暮れ」も覚えて
おこう。

6

literature
[lítərətʃùə]

文学

英語の入試試験をつくる先生は、
英文学を研究する人が多いせいか、
長文問題には作家の話や文学評論
などが比較的多い。このとき、
literature が訳せなければ、その文が
何を扱った文章なのか、まるでわから
なくなる。

7

fee
[fíː]

謝礼（金）

この単語は日常生活でも頻繁に使
われている。弁護士の「顧問料」
consulting fee、高くて有名な成田空
港の「空港使用料」airport fee など。
勉強するにも、「授業料は払います」
pay school fee。

8

knowledge
[nɔ́(ɑ́)lidʒ]

知識

know の意味は、ほとんどの人が
知っているだろうが、その名詞形が
knowledge だ。意味を問われること
もあるが、発音を問われることもある。
「ノウリッジ」ではなく、「ナリジ」となる
ことに気をつけてほしい。

9

interest
[íntərəst]

興味、利益

　be interested in ～「～に興味がある」は、中学生でも知っているが、名詞形となると、「興味」以外にもいろいろな意味がある。とくに、入試問題で出題される場合は、「利益」の意味で出ることもあるから、マークしておくこと。

10

mass
[mǽs]

大衆

　私たちがよく聞く言葉にマスコミがある。本来はmass communicationといい大衆の情報伝達を意味する。中でもテレビ、新聞などのマスメディア（mass media）を指してマスコミと呼んでいる。

11

goods
[gudz]

商品

　s がついているのは形容詞 good の複数形ではない。発音記号に従って読めば分かる通り、半分日本語と化している。日本語でもキャラクターグッズなどと使われる言葉なので、一度覚えればもう迷わないはずだ。

12

effect
[ifékt]

効果

　effect on ～「～に対する効果」が、この語の使い方では最重要。試験では、下線部訳や穴埋めでよく出る形。訳すときは、「効果」が基本だが、cause and effect「原因と結果」の対語でもわかるように、「結果」と訳す場合もある。

13

degree
[digríː]

程度

「程度」以外にも使われる。「学位」「(角)度」「(温)度」などは「程度」から類推できるが、 by degrees「徐々に(= gradually)」のような熟語にとまどう人もいるだろう。

14

necessity
[nəsésəti]

必要性

necessary「必要な」の名詞形。necessary は中学単語だから意味は簡単にわかるだろう。しかし、簡単だからといってあなどってはならない。意外に出題されるのが発音問題だ。「ナセサティ」という音に近い。

15

economy
[ikɔ́(ɑ)nəmi]

経済

エコノミーが「経済」であり、形容詞形 economic が「経済の」であることは、一般的に使われているので覚えやすい。ただし発音に注意。同じ形容詞形でも economical は「経済的な」のほかに「節約になる、徳用な」の意味もあるから要注意。

16

compassion
[kəmpǽʃən]

同情・思いやり

com(一緒)+ passion(感情)という構成で、「相手と同じ感情になる=同情」の意味になる。ただ「思いやり」と訳している通り、 pity「あわれみ」よりも「相手を助けたい」というニュアンスがあることに注意。

17

value
[vǽljuː]

価値

物の値段や数値などといった場面ばかりではなく、数字でおきかえられない価値、たとえば、 the value of education「教育の価値」などとも用いられる。訳がかんたんだからといって、けっして安易に考えないこと。

18

choice
[tʃɔ́is]

選択

choose「選ぶ」の名詞形だが、「選ぶこと」では意味が通じにくいので、「選択」のほうがいい。choose を choice を使って書きかえると、make a choice「選択する」となるが、この形を知っておくと、いろいろと応用がきく。

19

quality
[kwάləti]

質

この語は、「ハイ・クウォリティ（高性能）」などと日常にも使われるので覚えやすい単語だ。しかし注意しなければならないのは、"モノ"のときは「質」でいいが、"ヒト"のときはたんに「質」ではない。「特質・素質」と訳すといい。

20

quantity
[kwάntəti]

量

「質と量」と日本語でいうように、英語でも"quality and quantity"と並記される。クオリティを知っていてもクオンティティは知らない人が多いが、そんな人は、「クワラティ&クワンタティ」と、セットで覚えるといい。

21

cooperation
[kouÀpəréiʃən]

協力

co（ともに）+ operation（仕事をすること）という成り立ちで「相手と協力すること」を表している。似たスペルで corporation があるが、こちらは「大企業・法人」なので区別しよう。

22

cancer
[kǽnsər]

がん

10年後には日本人の2人に1人が「がんで亡くなる」die of cancer 時代がくるという。「肺がん」lung cancer や「乳がん」breast cancer などの防止には「検診」cancer screening が大切だ。

23

nationality
[næʃənǽləti]

国籍

national「国民の」から、この単語を「国民性」と訳す人が多い。この意味もあるが、受験では「国籍」として使われるほうがはるかに多い。one's nationality と"誰の"という語がまえにあるときは、「国籍」と訳して間違いない。

24

deficit
[défəsit]

赤字

「赤字」以外にも「欠損」や「不足」などの訳があり、「ある基準値に対して不足している」状態を指す単語である。似たスペルで defect という単語があるが、こちらは「欠陥」という意味なので注意。

25

impression
[impréʃən]

印象

　impression の語源は、「中に」という意味をあらわす im と、「押しつける」という意味の press。それに名詞形の ion だ。ここから、"心の中に押しつけたもの"つまり「印象」とイメージして覚えるとわかりやすい。

26

duty
[djúːti]

義務

　この単語は、単独でもよく訳などで出題される重要語だが、とくに知っておくと役に立つのは熟語である。on duty で「勤務中」、off duty で「非番」という意味だ。この二つはたまに出題されるので、ちゃんとおさえておくこと。

27

standard
[stǽndərd]

標準

　ハイ・スタンダードなどと、日本語表現でもよく出てくるので、わかったような気になりやすい語だ。しかし、それだけに、いざ訳すとなると「標準」という言葉が出てこなくて苦労するハメになる。しっかりと覚えておきたい。

28

affair
[əféər]

こと

　辞書にはよく「事件」「事柄」「できごと」などと訳が書かれてあるが、要するに「こと」。たとえば、love affair「情事」、The Kennedy affair「ケネディ（暗殺）事件」のように各種さまざまな「こと」を示すと覚えておけばいい。

29

experience
[ikspíəriəns]

経験

experiment「実験」と間違えやすい単語だ。訳も一字違いなので混同しやすく、誤訳しても気づきにくい。experience のほうがよく出るから、まず、こちらを完全に覚えてから、「実験」のほうを覚えるようにしたらいい。

30

depression
[dipréʃən]

憂鬱・不景気

元は depress が「落ち込ませる」で、「気分を落ち込ませる＝憂鬱」、「景気を落ち込ませる＝不景気」という意味である。どちらが来ても分かるように語源から理解しておこう。

31

species
[spíːʃiːz]

種

seed「種（たね）」と違い、こちらは生物学的な「種（しゅ）」を表すときに使われる。ただし入試では、この単語は our species や the species という形で、「人類」という意味でよく使われる。くれぐれも"我々の種"などと訳さない。

32

sort
[sɔ́ːrt]

種類

下線部訳では、ひじょうに誤訳しやすい単語。注意するのは、this sort of dog などを「犬のこの種類」と訳してはいけない点。あくまでも sort ではなく dog が中心となり、「この種の犬」となることがポイント。

33

opportunity
[ὰpərtjúːnəti]

機会

「機会」という訳を見て、機会＝チャンスと思って誤解する人がいる。しかしこの語には、チャンスのようなふってわいた偶然の意味はない。日本語の「機会」も"何かをするのにいい時機"であり、それと同じ意味。

34

lack
[lǽk]

欠乏

同じ意味を表わす単語に、want, shortage があり、どれも重要語。lack と一字ちがいに luck「運」があるが、発音問題のひっかけで出題されることがあるので混同しないように。luck[lʌ́k]のほうが、口の開きが小さい。

35

average
[ǽvəridʒ]

平均

average golfer「平均的なゴルファー」というように形容詞として使われることが多い。だが、入試によく出てくるのは穴埋めで、on average という問題。この on を、in と間違えやすい。意味は「平均して」。

36

benefit
[bénəfit]

利益

「利益」といっても、この語は「恩恵」や「恩典」といった意味で用いられる。お金の利益のときに用いられるのは profit（123）である。for the benefit of the students といえば「学生の利益のために」で、金銭は関係ない。

37

company
[kʌ́mpəni]

会社

com（共に）+pany（パン）から、「（ともに飯を食う）仲間」という意味もある。洋服などの商品表示のところに、Co.と書かれてあるが、これはcompany の略語。一度確認しておくこと。

38

role
[róul]

役割

"ロウルキャベツ"の roll ではない。同じ発音だが、こちらは「ころがる」「丸くなる」の意味。role のほうは、play a role in「中で〜の役割を果たす」のように、「役割」という意味だから、両者をとりちがえて、とんだカン違いをしないように。

39

inquiry
[inkwáiəri]

調査

inquiry agent は「私立探偵」。おなじ意味の単語に question「質問」がある。動詞は inquire で、「AにBについて尋ねる」inquire A of Bとなる。「質問する」には ask もある。

40

sum
[sʌ́m]

合計

この sum とまったく同じ発音の単語に some がある。そのためよく、「この文章の中から sum の同音異義語を探せ」などという問題が出る。簡単だからとあなどらずに、意味と発音の両方をしっかり覚えておくことだ。

41

agriculture
[ǽgrikʌ̀ltʃər]

農業

　カルチャーがつくのに、なぜ「農業」なのかと思う人もいるだろう。agri「畑」に、culture「耕す」という語がついてできた単語だ。畑を耕すことから「農業」となったわけで、語源を考えるとわかりやすい単語の典型例だ。

42

climate
[kláimət]

気候

　まず、 weather「天気」と区別して覚えること。「気候」というのは、社会科で習ったかと思うが、一年を通じた気象条件。発音とともに、英作でもこの語を使う問題がよく出題されるので、スペルもしっかり覚えること。

43

tax
[tǽks]

税金

　ふつうの文章では、まず用いられることはないが、経済関係の文には頻出する。まさかそんな人はいないだろうが、訳を「タクシー」などとしたら致命的だ。「税金」以外の訳はないので、一発で覚えるようにしよう。

44

security
[sikjúə(kjúː)rəti]

安全

　最近、日本でもセキュリティーシステムなどとよく使われるが、安全に対する意識が高いアメリカでは、さまざまな文章に出てくる。発音やアクセントを出題されることも多いのでよく覚えておこう。

45

industry
[índəstri]

産業、勤勉

a key industry「基幹産業」というように使われる。これが形容詞になると、industrial「産業の」、industrious「勤勉な」と二つの異なる語になる。訳は前後の文脈から区別は容易なので、注意しさえすれば誤訳はしないはず。

46

income
[ínkʌm]

収入

in「中に」+come「来る」で、「中に来るもの」つまり「収入」というわけだが、スペルを見ると自然にわかるはずだ。反意語を問う問題がよくでるが、安直に outcome で「結果」などとしてはいけない。expense「出費」が正解。

47

crop
[krap]

収穫（物）

同じ収穫の意味をもつ類義語にharvest があるが、harvest a crop で、作物を収穫するとなる。産出する（動詞）の意味で yield がある。hunt（狩る）ing crop で乗馬用のムチ。

48

wealth
[wélθ]

富

health とは一字ちがいだが、「富」と「健康」はどちらもだいじと、セットで覚えておくとよい。wealth「富」→wealthy「富んだ」、 health「健康」→ healthy「健康な」と、両方ともまったく同じように形容詞化できる単語だ。

49

tradition
[trədíʃən]

伝統

　紳士服や婦人服の売り場でトラッド・スーツといえば、伝統的な感じの服装のことだ。このトラッドとはtradition の形容詞形 traditional「伝統的な」を略したものということを知っておくと覚えやすいはずだ。

50

belief
[bəlíːf]

信念

　中学で習った believe の名詞形。このことを頭に入れたうえで、訳の際には「～を信じる」と動詞的に訳すと日本語らしくなる。believe that …「…ということを信じる」が名詞になると、belief that …「…という信念」となる。

51

risk
[risk]

危険

　「リスクを負う」などと、日本語表現でもよく使うので、意味を知っている人は多いはずだ。この単語は、動詞をつけさせる問題によく出るのがやっかいだ。run や take がついて、run a risk で、「危険を冒す」という訳になる。

52

talent
[tǽlənt]

才能

　日本でタレントというと、まず芸能人が浮かんでくる。しかし、本来は「才能をもった」という意味でつかわれている。もちろん芸能人という意味もあるが、この単語が試験に出たら、訳は「才能」とひとつ覚えていれば十分。

53

government
[ɡʌ́vənmənt]

政府

英字新聞の第一面にはかならずといっていいほど、U.S.Government「アメリカ政府」や Japanese Government「日本政府」などと出てくる。一度英字新聞を買ってながめてみるだけで、いやでも覚えられるだろう。

54

policy
[pɑ́ləsi]

政策

「彼のポリシーは」などと、日本ではポリシーを価値観や考えをさして使うことが多い。しかし、試験英語では「政策」という意味だけ覚えていれば十分だ。a foreign policy は、外国の価値観ではなく、「外交の政策」が正しい。

55

facility
[fəsíləti]

施設・設備

頻繁に登場する語で、public facility「公共施設」等の使い方がある。また、他にも「機能」や「才能」といった意味もあるが、共通点として「備えているもの」というイメージでまとめて覚えよう。

56

vessel
[vésəl]

船・管

乗り物としての「船」を表すのはもちろんだが、blood vessel といえば「血を運ぶ器＝血管」という意味となる。医療系の文章や生命・生物の話題で頻出の語句なのでフレーズで覚えてしまおう。

57

decade
[dékeid]

十年

十年という言葉を ten years と いわず、わざわざべつの単語にすると いう発想は、日本語にはないので、忘 れてしまいがちな単語。有名なごろあ わせ記憶法に"十年はでけえど（でか いぞ）"というのがある。これで覚えれ ばいい。

58

effort
[éfərt]

努力

この単語は、入試では make an effort to ～「～しようと努力する」の、 make を入れさせる問題が頻出する。 この表現は、訳とともに、丸ごと覚え ておくと英作でも使えるので、セットで 覚えておくといい。

59

fuel
[fjúːəl]

燃料

読み方は「フューエル」である。決し て「フエル」と読んではいけない。 fossil fuel（化石燃料）というフレーズ で登場することが多い。

60

poverty
[pávərti]

貧困

生活の貧しさなど、何か足りないも のがある状態をいう。 poverty of common sense は「良識の欠如」。 スペルはあまり似ていないが、poor の名詞形。入試でたまに品詞の書き かえ問題が出るので、このことも覚え ておいてほしい。

61

guilt
[gílt]

有罪

　名詞形だと語尾にtyがつく単語が
よくあるせいか、guilt と guilty があ
ると、guilty を名詞、guilt は形容詞
とカン違いする人がいる。名詞 guilt
の形容詞形が guilty だから、混同し
ないように。反意語は innocence（無
罪）。

62

latter
[lǽtə(r)]

後者

　2つのものを並べて書いた際に、後
で出てきた方を指す語である。ちなみ
に前に出た方を指すのは former で、
「前者」と訳す。これらが出たら、2つ
並立された名詞を探そう。

63

desire
[dizáiər]

（強い）願望

　ひじょうに強い願望、欲求のこと
で、これを"なんとなく欲しいと思って
いる"というイメージでとらえてしまっ
てはいけない。強い願望ととらえてお
かないと、文意がつかみにくく、文章
の読解力に差がでてくる。

64

liberty
[líbərti]

自由

　「自由」というと freedom を思い出
す人が多いかもしれないが、この
liberty は、勝ち取った「自由」だ。アメ
リカの独立を記念する像 Statue of
Liberty （自由の女神）を覚えておけ
ば、勝ち取った自由という意味がよく
わかるはずだ。

65

luxury
[lʌ́kʃəri]

贅沢（品）

日本語でも外来語として使われることがあるが、発音は「ラグジャリィ」に近い。名詞だけでなく形容詞として使うこともでき、luxury apartment といえば「贅沢な（高級な）マンション」となる。

66

labor
[léibər]

労働

労働という言葉では、work をまず思い出すが、work が事務的な労働とすれば、labor は肉体労働といったところだ。「骨折り」とも訳せるように、かなりつらい労働をイメージすればよい。labor union は、労働組合のこと。

67

source
[sɔ́ːrs]

源

ソースと聞いて、調味料のことだと思わないこと。発音は似ているがスペルが違う。食べ物にかけるソースは sauce[sɔ́ːs]だ。入試で使われるのはほとんど source だから、たとえスペルを忘れても、「源」と訳せばまず正解だ。

68

figure
[fígə(gjər)]

姿かたち、数字

「形」という意味は覚えていても、「数字」という意味を知らない人が多い。最近、英文読解の中で、数字や統計を扱った問題がよく出るが、figure を「形」と訳すと、意味がわからずあせるハメになるので、覚えておくといい。

69

vision
[víʒən]

見ること

「将来のビジョンをもて」などとよく使われるが、そもそもは、「見ること」という意味だ。この単語をはじめとして、visual「見える」visible「見える」など、vis が頭にくる単語は見ることと関係がある場合が多い。

70

factor
[fǽktər]

要因

ファクターという単語は、日本語でもときどき耳にすることがあるだろう。英語でもほとんど同じように、ファクターと発音すればいい。ただし、「ター」につられて、facter とスペルを覚え間違う人が多いので注意すること。

71

structure
[strʌ́ktʃər]

構造（物）

普通は「建造物」という意味で覚えるが、試験問題では「構造」の意味で使われることがほとんど。「機械の構造」「組織の構造」という形でも出題される。「構造」で覚えておけば、「構造物」から「建造物」「建物」と連想もできる。

72

continent
[kántinənt]

大陸

アクセントに注意。TVドラマで話題になった「南極大陸」は Antarctic Continent で、北極は大陸が無いので Arctic Ocean「北極海」と呼ぶべきだろう。

73

possibility
[pàsəbíləti]

可能性

possible「可能な」の名詞形で、「可能性」という意味。長文問題などの中によく出る構文としては、possibility that…、意味は「…という可能性」である。possibility that の構文の形でも覚えておくとよい。

74

forecast
[fɔ́:r-kæ̀(:)st]

予測

英文中でよく出るのは weather forecast「天気予報」の形。これは、このまま覚えてしまったほうがいい。ただ注意しなくてはいけないのは、「フォーキャスト」の本来の意味は「予報」ではなく「予測」であることだ。

75

concept
[kánsept]

概念

業界人が好んで使う語だが、本来「概念」という語は哲学用語で、わかりにくい文にでる。長文問題などにこの単語が登場したら、「考え」とおきかえて読み進むと文章がやさしくなり、文意がとりやすくなる。

76

theme
[θí:m]

テーマ

意味は日本語と同じだが、発音は「シーム」でまったく違う。theme をみて、一目でこれがテーマだとは、なかなか気づかない。しかし何度も発音して theme =「テーマ」と結びつくようになれば、もうだいじょうぶである。

77

philosophy
[fəlásəfi]

哲学

　学問としての哲学から、「人生哲学」の哲学まで幅広く用いられるのは日本語でもおなじだ。一見難解な単語だが、わりとやさしい文章の中に使われることが多いので、恐れるにたりない。「哲学」と訳しておけば十分。

78

theory
[θíːəri]

理論

　スポーツでよく"セオリーどおりにする"などというように、「理論」という意味である。日本語でも、よく使われるので覚えやすい。だが、発音は舌をかんで「シーァリ」なので、間違えないようにしたい。

79

term
[tə́ːrm]

用語・関係

　この単語は前に形容詞をつけて、legal terms「法律用語」のように、専門用語を表すときにつかう。文章中、重要な場面で用いられ、しかも知らないとまず文脈がつかめない。短いからといって、おろそかにできない単語だ。

80

wisdom
[wízdəm]

知恵

　a man of wisdom といえば、ただの"物知り"ではなく「知恵者」のことだ。「知恵」とはたんなる知識があるということではない。知識をもとに、生きていくうえで役にたつことを考えられてはじめて、知恵になる。

81

civilization
[sìvəlizéiʃən]

文明

よく、日本語でも文化と文明をごっちゃにする人がいるが、この単語は「文化」と訳すとバツだ。文化はculture だから、くれぐれも混同しないように覚えることだ。まず、日本語の文化と文明をはっきりさせることもだいじだ。

82

product
[prádʌkt]

生産物

この語は、「製品」とだけ覚えてはだめだ。文脈によっては「小説」とも、「結果」ともなることがある。工場の生産物→製品。作家の生産物→小説。努力の生産物→結果となり、うまい訳語を見つけ出すのがミソだ。

83

society
[səsáiəti]

社会

「社会」のほかに「社交」や「交際」、あるいは「協会」「学会」「組合」「団体」などにも使われる。試験では、むしろ発音で出題されることが多い。「ササイァティ」と読む。「サィァ」を意識して発音することがポイントだ。

84

generation
[dʒènəréiʃən]

世代

この単語は、若者と大人の世代のちがいに関する話などで、よく使われる。誰の世代の話なのか、どの時代の話なのかといった、場面設定をしっかりつかんで読むといい。それだけで、内容の理解度がまるでちがってくるはずだ。

85

quarrel
[kwɔ́(:)rl]

口論

同じケンカ、戦いでも、「競技」などの fight とは違う。「Aさんと口論する」は、have a quarrel with A となる。同じ口論でも「議論」は argument、動詞は quarrel に対して argue（314）。

86

object
[ɔ́(á)bdʒikt]

対象

彫刻や絵の世界では、描く対象物のことを、よくフランス語で「オブジェ」というが、英語の object も同じ意味。ふだんの会話や文章で「オブジェ」という言葉に出会ったら、頭の中で、「英語では object」といい直すといい。

87

irony
[áiərəni]

皮肉

皮肉と訳されるが、いやみではなくユーモアのある皮肉だ。「歴史の皮肉」など、作為的でなく運命的なときに使われる。どこが皮肉なのか考えながら読まないと、英文の内容をつかんだことにはならない。

88

focus
[fóukəs]

焦点

フォーカスは、カメラの用語としてもよく使われるので、意味を知っている人も多いはずだ。この語を「～に焦点をあてる」と動詞として使うこともあるが、そのとき、focus on ～ になる。よく覚えておくといい。

89
pain
[péin]

苦痛

「苦痛」という意味で、通常数えられない名詞だが、pains と複数形になると「苦労」「骨折り」といった意味になる。take pains は「苦労する」で、take great pains になると「たいへん苦労する」。構文ともにマスターする。

90
incident
[ínsədənt]

出来事

とくに大きな事件に発展することのないような、ささいな出来事の意味で使うことが多い。これを知っておくと、文脈がとりやすい。類義語に accident がある。こちらは、偶然の出来事のことだから、区別しておくことだ。

91
situation
[sitju(tʃu)éiʃən]

事態

「置く」「位置する」という意味の動詞 situate の名詞形であることから、「位置」というのはすぐわかる。しかし、試験では、「事態」という訳になることが多いので、こちらを先に覚えておくと、間違いがない。

92
atmosphere
[ǽtməsfiər]

雰囲気

「ムード」や「雰囲気」という意味だが、the がつくと「空気」「大気」という意味になる。文脈から判断していけば、まず間違えないはずだ。雰囲気の気、空気の気、大気の気と、気がつく言葉だったと思い出すことができれば十分。

93

region
[ríːdʒən]

地域

　地域というと、area（24）のほうを思い出す人もいるだろうが、region は、もっと広い範囲を表わしている。area が町内程度の広さだとしたら、region は県や国ぐらいの広さを表す。area＜region と覚えておくと便利だ。

94

extent
[ikstént]

範囲

　この語は、土地などの物理的な広さだけでなく、学問などの領域を表すときにもつかうので、「範囲」と覚えておいたほうがいい。to some extent「ある程度は」は、頻出の熟語なので、これも覚えておく。

95

article
[áːtikl]

記事

　多義語のひとつだが、試験問題に使われる場合は、「記事」以外にないと思っていい。an article of ～、あるいは、うしろに新聞や雑誌名をともなわずに、an article と単独で出てくる場合など、すべて「記事」で十分。

96

task
[táː(ǽ)sk]

仕事

　「仕事」にもいろいろあるが、task は、job などとはちがって、人から押しつけられ、しかも一定期間にやらねばならない困難な骨折り仕事というニュアンスがある。受験生の仕事である受験勉強は、job でなく、task だろう。

97

protest
[próutest]

抗議

　アクセントに注意。動詞は「prətést」
となる。a strong protest against
the Government「政府に対する強
い抗議」。「反対する」の同義語は
objection（名詞）object（動詞）。

98

trend
[trénd]

傾向

　ファッション関係から使われ始め、い
まや日常語化している単語だ。ほとん
ど「流行」の意味で使われているが 、
これだけしか覚えていないと、意味が
通らないこともある。もともとの意味は
「傾き」「傾向」。

99

attitude
[ǽtətjùːd]

態度

　単語としては「姿勢」「身がまえ」
「態度」などを意味するが、文章では
ほとんど attitude toward (to,on)
の形で出てくる。attitude のまえに、
strong とか cool といった相手に対す
る気持ちを表す形容詞を伴っている
ことが多い。

100

prospect
[práspekt]

見通し

　pro は「前」を表し、spect は「見
る」ことを表す。よって、prospect は
「前」＋「見る」で「見とおし」と覚えて
おけば、この単語は難なくマスターで
きる。「見晴らし」「景色」なども、類推
でわかるだろう。

101

analysis
[ənǽlisis]

分析

　これは名詞で「分析」という意味の単語だが、動詞になると analyze となり、読み方は「アナライズ」だ。スペルによって発音も品詞も変わることに注意しよう。

102

disaster
[dizǽː(ǽ)stər]

災害

　dis（悪い）と star（星）がいっしょになった言葉。"悪い星"、つまり巡り合わせが悪いことで、「災害」というのが、その意味。星占いを思い出せば、意味が浮かんでくるだろう。発音は、「ディザースタ」である。

103

witness
[wítnis]

目撃者

　a witness to the murder は殺人の目撃者。動詞として使うことも多い、bear witness to A は、「A を証言する」。wit（機知）で「証言する」とあわせて覚えておくといい。

104

celebration
[sèləbréiʃən]

お祝い

　辞書にはよく「儀式」とか「祝い」「祝賀会」などと書いてあるが、そのまま覚えてもあまり役に立たない。「お祝い」と「お」をつけて覚えたほうが、この単語のもつ楽しくはなやかな感じをつかめ、文章がわかりやすくなる。

105

universe
[júːnəvəːrs]

宇宙

「宇宙」という意味を覚えておけばいいが、「ミスユニバース」のように、宇宙から転じて「世界」という意味もあるので、どちらを使うかは、文脈に応じて選ぶこと。形容詞 universal は「全世界の」という意味だ。

106

mercy
[mə́ː(r)si]

慈悲

元は「慈悲・親切・情け」といった意味だが、入試では at the mercy of ～「～のなすがまま」で使われることが多い。たとえば at the mercy of the storm で「嵐のなすがまま」といった具合だ。

107

principle
[prínsəpl]

原則

「プリンサプル」と発音する。「原則」という意味だが、間違えやすいのが「プリンシパル」である。「プリンシパル」はprincipalと書き、意味は「校長先生」。何度かスペルを書いて手で覚えれば、間違えることもないはずだ。

108

intellect
[íntəlèkt]

知性

知性的な人をインテリというが、この言葉は intellect が語源になっている。「インテリは知性がある」と覚えれば、イメージも浮かびやすい。日本語のインテリにはイヤミなイメージもあるが、 intellect にそのニュアンスはない。

109

myth
[míθ]

神話

ゼウスやアポロンが登場する「古代ギリシャ神話」が ancient Greek myths。「作り話」の意味もあるが、His story is just a myth「彼の話は作り話だ」。同じ意味で fiction「小説」も覚えておこう。

110

envy
[énvi]

ねたみ

感性を表す言葉で、うらやましいというより、自分にできないことを人がやったときに感じる "嫉妬" や "ねたみ" に近い。小説などにこの言葉が出てきたときは、人間関係に注目すると、文全体の意味がつかみやすい。

111

broadcast
[brɔ́:dkæst]

放送

broad は「広い」、cast は「投げる」という意味だ。broadcast は、「(いろいろな情報を)広い範囲に向かって、投げる(こと)」と推理できるだろう。そこから、「放送する(動詞)」と覚えていけば、ラクラク覚えられる。

112

oxygen
[áksidʒən]

酸素

一般的には「オキシゲン」とよばれているが、「オクシジャン」が近い。Water consists of hydrogen and oxygen「水は水素と酸素で構成されている」。水素から連想するオゾン ozone もある。

113

purchase
[pə́ːrtʃəs]

購入

「パーチャス」と発音する。よく「パーチェイス」と間違って発音してしまうので、注意すること。 not for purchase（＝not for sale）と、札がかかっていることがあるが、"売物ではありません"という意味になる。

114

appetite
[ǽpitait]

食欲

「食欲」という意味だが、 appetite for 〜 という構文が出題されることが多い。この場合には「〜を欲する」というように訳すと、うまく訳せる。そのためにも、「〜に対する欲求」という広い意味でとらえておくと、なおいいだろう。

115

delay
[diléi]

遅延

少しむずかしい語ですが、「遅延」と覚えたい。簡単に「遅れ」と覚えたいところだが、それでは「延期」という意味が出てこない。 delay は、"遅れて延期すること"であり、一言でまとめるなら「遅延」なのである。

116

occasion
[əkéiʒən]

場合

on this occasion や on such occasion のように、「どの」場合かを示していることが多い。単に on occasion となると、「時々」という意味になる。下線部訳によく出てくるので、あわせて覚えておくといいだろう。

117

misery
[mízəri]

悲惨

フランスの小説『レ・ミゼラブル』は、英語の miserable（ミゼラブル）と同じ意味。misery は、この miserable の名詞だ。だから、『レ・ミゼラブル』を『ああ無情』というのは意訳で、直訳すれば『ああ悲惨な』だろう。

118

flood
[flʌd]

洪水

発音に注意、「oo」(ʌ)となるのはあと blood（血）だけ。There was a bad flood after a great earthquake「大地震のあとでたいへんな洪水となった」。「津波」はご存知の通り tsunami。

119

aspect
[æspekt]

面

「面」とだけ覚えておけば、どういう場面で出てきても訳しやすい。この「面」は、数字や物理でいうような「面」という意味にかぎらない。"あの人の意外な一面を見た"というときの「面」や、「局面」のこともいう。

120

shortage
[ʃɔ́:tidʒ]

不足

スペルを見ると、short と関係があることはすぐわかるだろう。short にも「不足」という意味がある。この shortage の類語に、want、lack があるが、いずれも「不足」という意味。あわせて覚えておくと、ひじょうに得。

121

will
[wil]

意志

will は、助動詞「〜だろう」の意味だけでなく、受験では「意志」という名詞形でも問われやすい。will は単純未来「〜だろう」のほかに、意志未来「〜するつもり」の意味があることを思い出せば、納得できるはずだ。

122

gene
[dʒíːn]

遺伝子

この単語の派生語でよく聞くのが「ゲノム」。DNAに含まれる遺伝子情報の総体をいい、genome「dʒíːnoum」と発音する。遺伝子に関する研究は世界中でさかんに行われている。「ジェネリック医薬品」も関連語といえる。

123

profit
[práfit]

利益

金銭的、実利的な利益の場合に使われることが多い。反意語は、loss で「損失」。文章中で profit が出てきたら、どういう利益なのかをしっかり読み取ることだ。これが内容把握に役立つことが多いからである。

124

fame
[féim]

名声

「有名な」という意味の famous は、中学で習うから、だれでも知っているはずだ。fame はこの famous の名詞形だが、訳すときに、そのまま「有名」と訳してもうまくは訳せない。「名声」として覚えておこう。

名詞

● 2章 ● これだけは覚えておきたい名詞230語

125

grief
[grí:f]

悲しみ

　悲しみというと、まず sad を思い浮かべるが、入試では grief も出やすい。たとえば小説などで、肉親が亡くなったというような場面での感情描写に、よく使われる。 grief を見たら、すぐ涙が出てくるようになれば合格だ。

126

faith
[féiθ]

信頼

　「フェイス」は、もともとは "神に対する誠実"、つまり信仰を表す語であり、そこから「信頼」という意味になった。入試とは直接関係ないが、thに注意して発音しないと、 face「顔」と区別がつかなくなる。

127

solitude
[sɔ́(á)lətjùːd]

孤独

　"ギターソロ"のように、日本語でもよく使われる「ソロ(solo)」が語源である。もともとは "ひとりでいること" という意味だが、試験に出てくるときは、ほとんどの場合、「孤独」という意味で出てくる。

128

sympathy
[símpəθi]

同情

　sympathy が「同情」の意味だということは、だれでもすぐに覚えるようだ。そのついでに反意語まで覚えておくとさらにいい。sympathy の反意語として、 antipathy（反感）を答える問題はよく出題される。

129

conduct
[kɔ́(á)ndʌkt]

行ない

　ツアー・コンダクターは "旅行案内人" のことだが、この言葉に惑わされると conduct の意味を見失う。"ツアー・コンダクター" は、ただの案内人なのではなく、旅先で身振り手振り、あれこれ指揮する人のことなのだ。

130

perspective
[pə(r)spéktiv]

観点・見方

　意味自体は問題ないのだが、スペルに注意。prospective という単語とスペルが似ているが、こちらは形容詞で「期待される・見込みのある」という意味になってしまう。

131

confidence
[kɔ́(á)nfədəns]

自信、信頼

　辞書にはいろいろな意味が書いてあるが、基本的に自分に関することは「自信」、他人に関することは「信頼」と訳す。たとえば in my confidence なら「自信を持って」、in his confidence なら「彼の信頼を得て」となる。

132

capacity
[kəpǽsəti]

収容力

　コンサート会場の中にある客席案内図には、"キャパシティ256人" などと書かれてある。"座席数（収容力）は256人" ということだ。ただし受験では「収容力」という意味をさらに広げて、"人の能力" や "包容力" の意味でも出やすい。

133

revolution
[rèvəlú:ʃən]

革命

Industrial Revolution（産業革命）など歴史でおなじみのように、revolutionは「革命」である。ちなみに r を取るとevolution で、「発展」という意味になる。こちらも重要なので、あわせて覚えておくこと。

134

right
[ráit]

権利

中学以来、「正しい」とか「右」とかいろいろな意味を習ってきたはずだが、入試でよく出題される重要な意味が「権利」だ。right to ～「～する権利」とか in one's own right「生まれながらの権利」というように使われる。

135

reward
[riwɔ́:rd]

報酬

西部劇に出てくるお尋ねものには賞金がかかっているが、そのときに使われているのが reward という言葉であり、「報酬」という意味だ。気分転換に西部劇のビデオを借りて、目を凝らして見てみよう。

136

vote
[vóut]

投票

入試に出る英単語の中には、民主主義に関係のある言葉がいくつかあるが、 vote もそのひとつだ。名詞で「投票」と訳してもいいし、動詞「投票する」にもなる。簡単な言葉だからといって、boat（船）と間違えないこと。

名詞

137

prejudice
[prédʒədəs]

偏見

　文化の違う人同士が持つ偏見に関する問題はよく出されるが、そのとき、文中のキーになる言葉だ。知らないと文意がまったくとれなくなる。prejudice は他にまぎらわしい語がないので、意外に覚えやすい。

138

fate
[féit]

運命

　"運命"を意味する単語には、destiny（160）もあるが、destiny がただの運命という意味なのに対し、fate は、人間の力ではどうしようもない悲劇的な運命という意味。「運命」より、「宿命」と訳したほうが文意が通じやすくなるはずだ。

139

crime
[kráim]

犯罪

　"罪"という単語には、crime と sin がある。sin が"罪の意識"をいうのに対し、この crime は犯人を criminal というように、法律に違反したときの「犯罪」をいう。"crime and sin"とセットにして両方覚えてしまうといい。

140

caution
[kɔ́ːʃən]

警告

　テレビの裏蓋を取ってみると、そこには赤字で"caution"と書いてある。「注意!」という意味だ。ブラウン管に高電圧がかかっているからだが、この意味を知らずにうっかり触れると死ぬこともある。それほど重要な単語。

58

141

conflict
[kɔ́(á)nflikt]

闘争

　争っていること、戦闘状態のことをいうのだが、war（戦争）とは違う。conflictは、思想や利害にからむ争いをも意味し、「戦争」という訳は不適当になる。むずかしい言葉だが、「闘争」と覚えておきたい。

142

race
[réis]

人種

　競争の「レース」とつづりも発音も同じようだが、受験英語では「人種」の意味も知らなければいけない。が、この二つは、問題文中では前後関係からすぐ区別がつく。数えられる名詞で、複数形は races（レイシーズ）となる。

143

instinct
[ínstiŋkt]

本能

　アクセントに注意すべき単語。「インスティンクト」と、頭を強く発音する。「本能」という意味も、覚えたつもりでも意外に忘れやすいもの。正しい発音をくり返すことで、しっかりと頭に刻みつけておきたい。

144

nerve
[nə́:rv]

神経

　神経質な人のことをさして、「あの人はナーバスな人だ」ということがある。この「ナーバス（nervous）」は nerve の形容詞だ。get on one's nerves（人の神経にさわる）は重要表現。穴埋めでよく出る。

145

creature
[kríːtʃər]

生き物

　この語の意味が、create（創造する）からきていることがわかれば、意味を覚えるのは簡単だ。"神がクリエイトしたもの"つまり、「生き物」という意味である。発音は「クリーチャ」であり、「クリエイチャー」ではない。

146

globe
[glóub]

地球

　「グローバルな視点でものを見よ」などというときのグローバルは、global で globe の形容詞。グローバルな視点とは "地球的な広い視点" のことだとわかれば、globe を野球のグラブ（glove[glʌ́v]）と間違えることもない。

147

era
[íə(íː)rə]

時代

　先生も単語集も覚えろとはいってくれないが、けっこう出る単語だ。そのうえ、「エラー（error ＝失策）」などと間違いやすい。出題されてあわてるまえに、一度辞書を引いておこう。短いつづりなだけに、一度で覚えられるはず。

148

environment
[inváiərənmənt]

環境

　よく勉強している人なら、二日に一回は見るというほど頻出するうえ、知らなければ文意がとれなくなる最重要語だ。が、いまや「環境」は大きな社会問題にもなっているし、似た言葉がないので、意外に覚えやすいだろう。

149

resource
[risɔ́ːrs]

資源

source（67）だけだと「源」という意味。反復を表わす re がついているから、"何度も出てくるソースは資源"と覚えるといい。文中では、natural resources というように複数で出てくる。英作で、この s を抜くと減点されてしまう。

150

surface
[sə́ːfəs]

表面

sur（上）＋face（顔）＝"上の顔"から、 surface を「表面」と覚えていけばいいだろう。問題は発音である。よく間違えるから要注意だ。「サーフェイス」と読みがちだが、正しくは「サーフィス」である。

151

circumstance
[sə́ːrkəmstə(æ)ns]

状況

ふつう、複数形で circumstances と使う。under (in) the circumstances（そのような状況では）、under no circumstances（けっして～ない＝never）は慣用句で頻出する。この二つは訳とともに、かならず覚えることだ。

152

consequence
[kɔ́(ɑ́)nsikwəns]

結果

この単語は in consequence という熟語の形でよく出るが、このときは「結局」と訳す。一言でいうなら consequently。また、この熟語は同じ意味の as a result に書き換える問題としてもよく出されるのでセットにして覚えたい。

153

issue
[íʃuː]

問題

名詞では「問題」という意味だが、動詞になると「発する」という意味になる。動詞と名詞では、意味がまったく違うので、注意が必要な単語である。"問題が発生する"というように、いっしょに覚えてしまったほうがいい。

154

influence
[ínfluəns]

影響

訳は「影響」と覚えておけばいいが、よく出題されるのは、 have an influence on ～「～に影響を与える」である。 on を穴埋め問題として問われるのだが、 to と間違えやすい。しっかり覚えておきたい。

155

passage
[pǽsidʒ]

（文章の）一節

同じような意味をもつ単語に、「コラム」column や「記事」writing がある。また passage「通行」の意味から、pass という動詞の「通過する、合格する」からも連想できる。

156

character
[kǽriktər]

性格

"あの人のキャラクターはおもしろい"というように「性格」という意味で知られているが、もうひとつだいじな意味に「文字」というのがある。Chinese characters と出てくれば、「漢字」のことで、中国人の性格ではない。

157

feature
[fíːtʃər]

特徴

　この語を「とくちょう」と漢字抜きで覚えると、"特長"、つまり"長所"と勘違いしやすい。しかし「特徴」とは、"ほかより目立つ点"という意味で、短所の場合もある。両者の違いは国語の試験で問われることもあり、要注意だ。

158

method
[méθəd]

方法

　ただのやり方（way）というより、きちんと筋道のたった方法の意味。new methods for ～（～の新研究法）のように、比較的かたい意味で用いられやすい。その内容まで書かれているときは、よく読んで理解することがだいじ。

159

worship
[wə́ːrʃip]

崇拝

　訳すときは「崇拝」でいいが、たんなる尊敬より宗教色が出ている点に注意したい。このイメージが頭にあると、worship する相手に対し"神のような"という気持ちのあることがわかり、内容をつかむ手がかりにもなってくれる。

160

destiny
[déstəni]

運命

　fate が「宿命」で、たいてい悪い運命を表すのに対して、destiny にはそこまで暗いイメージはない。the Destinies というと「運命の女神」のこと。つまり、"避けられない運命"の意味なのだと理解しておく。

161

demand
[dimǽ(:)nd]

要求

ふだんは「要求」でいいが、経済関係の文章では「需要」と訳す。"需要と供給"という経済用語は、「ディマンド・アンド・サプライ(demand and supply)」というが、これはセットで出やすいので、このまま覚えておくといい。

162

supply
[səplái]

供給

"需要と供給"の「供給」に相当するのがこれ。ただし「供給する」と動詞でも使われ、その場合には supply … with ～(…に～を供給する)で出てくる。前置詞の with を問われることが多いので、"供給のwith"と理解しておくこと。

163

scope
[skóup]

範囲

「視野」という意味もあるが、「範囲」と覚えたほうがいい。たとえば the scope of the power なら"能力の(及ぶ)範囲"になる。telescope(望遠鏡)から"見る"ことだけに力点を置くと誤るので注意が必要だ。

164

fever
[fí:vər]

熱

日本語で「フィーバー」というと、タレントに熱狂することや、スポーツが白熱することによく使われるが、本来の意味はただの「熱」である。英文中ではいろいろな使われ方をするが、「熱」と当てはめると意味がつかめるはず。

名詞

165

religion
[rilídʒən]

宗教

「宗教」の意味で、the Christian religion といえば、「キリスト教」の意味になる。気をつけてほしいのは、"region(地域)(93)"と間違えないことだ。「宗教」の場合は「リリジョン」と発音するので注意したい。

166

estate
[istéit]

財産

estate は、「財産」と覚えてしまえば、ほとんど困ることはない。ただし、たまに real estate という言葉が出てくるが、これを"ほんとうの財産"と訳しては点はもらえない。この場合、「不動産」と訳す。

167

insight
[ínsait]

洞察

sight(見えること)は、see から出た言葉であることはいわずもがなだろう。これに in が加われば、"中を見る"ということから「洞察」になる。insight の語源をよく考えれば、意味は自然に出るはず。入試には"洞察力"も不可欠なのだ。

168

affection
[əfékʃən]

愛情

この単語は、まず「愛情」と覚えること。effect(効果)(12)と語源が同じことから「効果」という意味もあるが、試験では「愛情」以外出ないと思っていい。affection の意味を忘れたら、"a(ア)"に注目して「愛情」を思い出せ。

169

plague
[pléig]

疫病

　まずは発音に注意しよう。「プレイグ」と読む。また、関連して epidemic（流行・蔓延）という単語も覚えておこう。

170

defect
[difékt]

欠点

　この単語は、反意語問題でよく出題される。defect（欠点）の反意語はmerit（長所）だ。すぐに思い出せるように、「ディフェクト&メリット」とセットで覚えることだ。スペルが似ているが、effect（効果）の反意語ではない。

171

state
[stéit]

状態

　in a（the）state of ～で"～の状態"という使われ方をすることが多い。たとえば a state of health（健康状態）などといった具合だ。ただ、「国家」という意味もあり、入試では United States of America で"アメリカ合衆国"になる。

172

evolution
[èvəlúːʃən]

発展

　受験参考書などでは、e（外へ）+ volve（回転する）だから evolutionは「発展」となる。といった説明をよく見かける。しかし、最初からこれがわかるようなら苦労はない。素直に「発展」と覚えたほうが楽である。

173

temper
[témpər]

気分

　ふつうは、「気分」でいいが、訳出のとき には注意が必要だ。in a bad temper なら「機嫌が悪い」ことを意味する。これ を"気分が悪い"とそのまま訳そうと しても、文脈はうまく通じないから、注 意することだ。

174

temperature
[témpərətʃər]

温度

　この単語は、覚えるときに temper （気分）と混同しやすい。もともとは、 気分を表わす temper から生まれた 言葉と考えれば、覚えやすいだろう。 "空気の気分"、つまり「温度」という ように関連させて覚えるわけだ。

175

conscience
[kɔ́(ɑ́)nʃəns]

良心

　「良心」という言葉は、ふだんあまり使 わないためか、覚えていても実際に英 文中に出てくると、訳しづらい。このと き、conscience に"良い心"とくだけ た言葉を当てはめると、つかめなかっ た意味が簡単に見えてくるはずだ。

176

gratitude
[grǽtətjùːd]

感謝

　attitude（態度）（99）と混同しやす いが、この単語は、グラッ（gra）ときた "態度"と覚えておくといい。グラッと頭 を下げた"態度"が「感謝」というわけ だ。これで、gratitude と attitude の 両方が覚えられることにもなる。

名詞

177

ratio
[réiʃou]

比率・割合

　図表・グラフの読み取りや経済系の文章など「数字の比較」を扱う文章で頻出する単語である。また、同意語として proportion という単語もあるので、書き換えられても分かるようにしておこう。

178

immigrant
[ímigrənt]

移民

　正確には入国者をいう。動詞では immigrate「移住する」となるが、im は in で中に入ってくるのに対して、外に（外国）に移住するのは emigrate になる。e は ex 出るを表わす。名詞は emigrant。

179

justice
[dʒʌ́stəs]

正義

　正義は正義でも、英文和訳のときには、場面に応じて「公正」とか「妥当」に訳し変えないと意味がとれないときもある。たとえば、todo（人・物）justice は「～を公正にいえば」という意味になる。「正義」から類推すればわかるはず。

180

advantage
[ədvá:(ǽ)ntidʒ]

有利さ

　意味どおり「有利さ」と訳しても、文中の意味がわかりづらい語だ。一度テニスかラグビーの試合を見て、「アドバンテージ」のもつニュアンスをつかむといい。そうすれば、文脈に応じて、ぴったりの訳も浮かびやすくなる。

名詞

181

phenomenon
[fənámənan]

現象
　アクセントに注意。複数形は phenomena。
a natural phenomenon「自然現象」。
驚くべき出来事や事件を表わす「事
象」の意味も。福島第一原発での深
刻な状況を示す「レベル7」はまさしく
phenomenon であった。

182

passion
[pǽʃən]

激情
　単なる感情のたかぶりではなく、と
にかく激烈な感情のことだ。パッション
フルーツというのがあるが、一度食べ
てみるといい。刺激的な芳香が強烈
に口のなかに広がって、パッションの
言葉のイメージがすぐにわかる。

183

psychology
[saikálədʒi]

心理（学）
　発音に注意。スペルが似ている単
語 philosophy「哲学」があるが、こち
らは「fəlásəfi」と発音。
　「心理学者」は psychologist、形容
詞は psychological となる。

184

shame
[ʃéim]

恥ずかしさ
　in shame だと「恥じて」、with shame
で「恥ずかしくて」という意味になる。
言葉としては簡単だからすぐに覚えら
れる。また be ashamed of ～「～を
恥じている」は、よく出てくる表現なの
で、ぜひ覚えておきたい。

185

identity
[aidéntəti]

同一性
　受験難語の一つ。「同一性」とその
まま訳しても、まったく意味がわからな
いことが多い。平たくいえば "同じであ
る" ということ。日常使う「ID」は、登録
者と使用者が「同一」人物であること
を示している。

186

wage
[wéidʒ]

賃金
　サラリーマンがもらうお金は文字ど
おり　salary（給料）である。しかし、肉
体労働者に支払われるお金は　wage
（賃金）だ。汗水たらして得る、というわ
けだ。この感じをとらえて文章を読め
ば、内容もつかみやすくなることだろ
う。

187

refuge
[réfju:dʒ]

避難
　アクセントに注意すべき語で、最初
の「レ」を強く読む。また、一文字つけ
足して　refugee　と書くと「避難民・難
民・という意味になり、イギリス英語だ
とアクセントが最後の「ジ」の位置にく
る。

188

authority
[ɔ:θɔ́(:)rəti]

権威
　日本語でも「彼は〜のオーソリティ
だ」という言い方はよくする。彼は〜に
よく通じている、つまり「権威」だという
ことだ。大学教授でも政治家でも、オ
ーソリティといわれる人の権力と偉そ
うなイメージを思い浮かべればいい。

189

leisure
[lé(í:)ʒər]

余暇

"レジャー"とすっかり日本語になってしまったが、英語には娯楽という意味はない。「余暇」の意味で、仕事以外の時間という意味もある。つまり、余った時間が leisure なのである。発音は、「レジャー」でいい。

190

nutrition
[n(j)u:tríʃən]

栄養

受験勉強をする皆さんにとって大切なのが sleep and nutrition「睡眠と栄養」です。派生語としてal を末尾につけた nutritional「形容詞・栄養学上の」、nutritionist「名詞・栄養士」がある。

191

fatigue
[fətí:g]

疲労

スペルも覚えにくいし、発音も言いにくそうな単語だが、いったん覚えてしまえば変わっているだけに記憶に残りやすい。「ファティーグ」と発音するが、スペルを書くときに、最後の e を忘れないように気をつけることだ。

192

shade
[ʃéid]

かげ(陰)

「かげ」という意味だが、太陽光線によってつくられる"影"のシャドウ(shadow)とは違う。"陰のある性格"というように「隠された部分」のことを指す言葉だから、漢字によって「陰」と「影」を区別して覚えるといい。

193

excess
[iksés]

過剰

この単語は、一語ではなく、熟語で
よく出題される。an excess of ＋名
詞で、"多すぎる～"という意味になる
が、うっかり an の n をつけ忘れると、
1点ももらえないこともある。あわてな
いで答えること。

194

monopoly
[mənɔ́(á)pəli]

独占

「モノポリー」というボードゲームがあ
るが、これは各自が企業経営者となっ
てお金と資本の「独占」を競い合うゲ
ームだ。この単語もゲーム同様、政
治・経済に関する文によく出る。mono
は「1＝独」を表しているというわけだ。

195

material
[mətíəriəl]

原料

原料といっても、鉄鉱石のような工
業で使われる原料だけではなく、建材
や服地のようなものも指す。「原料」
「素材」という意味で覚えるといい。た
とえば「小説の material」とあったら、
「素材」と訳さなければ正解にならな
い。

196

status
[stéitəs]

地位

ステータス・シンボルという言葉は
よく使うが、地位の象徴ということだ。
最高級の車など、自分が地位を獲得
したときに手に入れたいもの、すなわ
ちステータス・シンボルをイメージすれ
ば、忘れにくくなるだろう。

197

scholar
[skálər]

学者

　混同しそうな単語に school「skú:l」「学校」がある。スペルと発音に注意。形容詞は scholarly だが、学者のほかに「奨学生」の意味もあり、学生時代にお世話になるのが scholarship「奨学金」だ。

198

substance
[sʌ́bstəns]

実質、物質

　哲学の文章などに出てきそうな硬い言葉だ。訳の「実質」「物質」は、これだけではピンとこないが、文脈から判断していくと不思議によくわかる。日本語訳がこなれていなくても、「実質」「物質」と書けば OKだ。

199

definition
[dèfəní∫ən]

定義

　一語で五つトクする単語だ。definition をひとつ覚えれば、他動詞の define「定義する」、形容詞の definite「確かな」、副詞の definitely（文中では「確実に」、口語では「なるほど」）と、合計五つの言葉が覚えられる。

200

logic
[ládʒik]

論理

　欧米では、論理が重視されるから、この言葉が文中に出てくることは多い。ときとして logic が出てくる文章は、むずかしくて読みにくいことが多いから、"論理"の展開を、ねばり強く、落ち着いてたどることがだいじだ。

201

audience
[ɔ́ːdiəns]

聴衆

コンサートの「観客」をオーディエンスという言い方をしているが、テレビ、ラジオの「視聴者」「聴取者」を指すこともある。オーディオ（audio）と同じ語源で、オーディオを聞く人＝聴衆と覚えるといい。

202

prosperity
[prɑspérəti]

繁栄

「繁栄」というと、すぐに国家の繁栄とか大げさなことを思い浮かべるが、試験に出るのはそれだけでなく、商売が「繁盛」するとか、店が「はやる」といったケースもある。live in prosperity「豊かに暮らす」などと使う。

203

sorrow
[sárou]

悲しみ

そのままの意味であるが、同じ「悲しみ」の意味で sadness や grief（深い悲しみ）などの語が挙げられる。物語文では選択肢で言い換えられることがあるので、関連付けて覚えておこう。

204

territory
[téritɔ:ri]

領域

「テリトリー」というと、"なわばり"の意味で日本語でも使われる。ただ、英語では、土地についてだけでなく、学問の専門分野などについても使われるので、「領域」と覚えていたほうが、応用がきくはずだ。

205

minister
[mínistər]

大臣

　日本ではちょくちょく変わるので世界中から軽く見られているのが、Prime Minister of Japan「内閣総理大臣」。
prime とは「最も重要な」(形容詞)の意味。Ministry は「省」を指す。
大統領はもちろん President。

206

institution
[instətjúːʃən]

機関

　一語で言い表せる日本語がなく、「設立」「創立」「制度」「協会」など多くの意味をもつ。だから、この語だけを正確に訳せという問題はまず出ない。"何かの目的のために設立したもの"といった語感をつかむことがだいじだ。

207

tide
[táid]

潮流

　潮の流れを意味するのはもちろんだが、もっと広い意味がある。日本語でもよく"時代の潮流に乗る"などと使われるように、時代の流れや勝負の流れの意味ももつ。大きく「流れ」ととらえて覚えていればまず大丈夫だ。

208

symptom
[símptəm]

兆候

　「兆候」という日本語自体、めったに使わず、漢字で覚えにくい語だが、そこが狙い目で国語の入試に問われることがある。そこで、日本語と英訳をセットにしておくと一石二鳥になろう。発音に特徴があるから、英語は覚えやすい。

名詞

209

function
[fʌ́ŋkʃən]

機能

関数で f(x)というのが出てくるが、あの f は function のことだ。f(x)をファンクション x といってみんなを驚かしてやろう。これを何度かやっていると、自然に覚える。パソコンのファンクションキーも機能キーのことだ。

210

ape
[éip]

猿

何度か「リメイク」remake されている話題の映画「猿の惑星」の原題が PLANET OF THE APES。類人猿とも訳すが一般的には「人類」humanity 以外の種を指す。ちなみに「人類学者」は anthropologist。

211

reputation
[rèpjətéiʃən]

評判

つづりの似た言葉で repetition（繰り返し）というのがあるから、混同しないように、発音をしっかり区別して覚えることがたいせつだ。

good reputation（よい評判）、bad reputation（悪い評判）などと使われる。

212

privilege
[prívəlidʒ]

特権

単なる権利ではなく、特定の人だけに与えられる特別な権利のこと。穴埋めにもよく出るスピーチの決まり文句 It is my great privilege to attend this party.「このパーティに出席できてたいへん名誉なことです」も覚えておく。

213

glory
[glɔ́:ri]

栄光

　辞書を見ればわかるが、gl が頭につく単語には、光り輝くというニュアンスのあるものが多い。仏像の背後からさしている後光と、そのおごそかな姿を想像してみると、glory すなわち「栄光」のイメージが伝わってきやすい。

214

tribe
[tráib]

種族

　種（species）よりもっと狭い範囲をさすときに使われる。tri というのは、three＝3のことを表す接頭語だから、tri＋ブ（部）で、"3つの部つまり部族、「種族」のこと"と、こじつければ、すぐに覚えられる。

215

mankind
[mænkáind]

人類

　man（人）＋kind（種類）から、"人の種類"つまり"人種"と覚えがちだが、これは誤りだ。"人という種類"と考えれば、「人類」とすぐにマスターできるはずだ。それでも覚えにくい人は、man（人）と同じ意味と覚えておけばいい。

216

fortune
[fɔ́:rtʃən]

富

　fortune 自体は「富」でいいのだが、派生語も同時に覚えるときのコツを一つ。fortunate「運のよい」、fortunately「幸運にも」は"運"に関する言葉。そこで、"運のある人はお金持ちになる"と考えれば連想しやすいはずだ。

217

strain
[stréin]

緊張（状態）

　ふだん使われている同じような意味の単語に、pressure や stress がある。動詞では、緊張する状態から「ぴんと張る」ために「痛める」ということになる。同じスペルで「種族」の意味がある。

218

rumo(u)r
[rúːmər]

うわさ

　この言葉は、言葉遊びで覚えてしまえばいい。 rumor は流馬（るーまー）と考えて、"馬が一頭、街の中をさまよっているのを見た人たちが、ひそひそと噂をしている様子"を想像すれば、一発で覚えられるだろう。

219

tragedy
[trǽdʒədi]

悲劇

　もちろん演劇としての「悲劇」の意味もあれば、「悲しい事件」というニュアンスでの「悲劇」の意味もある。どちらの意味かは文脈で分かるので大丈夫。

220

tactics
[tǽktiks]

戦術

　戦争など、勝負に関係したテーマの文に出てくるぐらいだが、内容を把握するには知らなくてはならない単語なので、あなどるのは禁物だ。訳は「戦術」とあてはめるだけでいいから、覚えてさえいれば簡単な単語だ。

名詞

章 これだけは覚えておきたい名詞230語

221

murder
[mə́:rdər]

殺人

めったに出てくる単語ではないが、ことが重大なだけに、題材とした物語文などが出てきたときは、最重要のキーワードになる。この言葉を知らなかったら、一巻の終わりになってしまうから注意が必要だ。

222

sacrifice
[sǽkrəfàis]

犠牲

sacrifice は神に犠牲を捧げることであり、捧げられる「犠牲」そのもののことでもある。この単語は発音問題で出てきたときは要注意だ。「サクラファイス」と、先頭にアクセントがくるので、気をつけること。

223

crisis
[kráisəs]

危機

爆発寸前の危ない状態のことをいう。まだ、ほんとうに爆発してないところがミソ。たとえば、戦争（war）がはじまるまえの緊張した状態が crisis で、はじまったら war になると考えたらわかりやすいだろう。

224

virtue
[və́(r)tʃu:]

美徳

「善」のニュアンスがある単語で、対義語は vice（悪・犯罪）だ。また、virtue には「長所」という意味もあるので、文脈に応じ使い分ける必要がある。

225

hypothesis
[haipάθəsəs]

仮説
　自然科学関係の文章でよく出てくる「ハイパサシス」という単語は、発音にひと工夫が必要だ。一音一音くぎりながら、舌をかんだり口を横に広げたりして、はっきり発音する。くれぐれも"ヒポ"とは発音しないように。

226

stimulus
[stímjələs]

刺激
　日本の小説にはたまに"スティミュラスな夜"などという言葉が出てくる。この単語はほかに似たひびきの英語がないので、読者に与える印象がまさに「刺激的」なのだろう。そう覚えれば、ほかの語と間違える心配はない。

227

discipline
[dísəplən]

訓練
　disciplineのように、「スィプル(ciple)」のついた語は、ほかの語と区別がつきにくくまぎらわしい。disciple「弟子」、principle「原則」(107)の三つは、いずれも間違えやすいので、きっちり覚えてしまうこと。

228

alternative
[ɔːltə́ːrnətiv]

代わりのもの・選択肢
　もっとも日本語に訳しにくい受験英単語のひとつだろう。この語は無理に訳そうとせず、まずは alternative のあとにくる、選択すべきもの二つを探すことだ。そのうえで、内容にあてはまる言葉をつくればいい。

229

welfare
[wélfèə(r)]

福祉

「福祉」以外にも「幸福・繁栄」という意味がある。日本で福祉を担当するのは厚生労働省だが、これを言うと the Ministry of Health, Labour and welfare となる。

230

astronomy
[əstrɑ́nəmi]

天文学

アクセントに注意。語源は astro「星」と nomy「法則」で天文学となり、「天文学者」は astronomer。かって彼等が予想もしなかった宇宙への挑戦が「宇宙飛行士」astronaut によって実現されている。

混同しやすい単語の対処法

　単語を覚えていくと、おそらく「何度覚えよう としても、この２つの単語の意味を取り違えてし まう」という苦手な単語が出てくるのではないだ ろうか。

　東大生に聞いたときも、やはりみんな苦手な単 語を何個か持っており、absurd「ばかげた」と absorb「吸収する」、conscious「意識している」 と conscience「良心」、contemporary「現代の」 と temporary「一時的な」など、続々と出てきた。

　この苦手な単語というのは、たいてい誰でもいく つか持っている。そしてそれは、他人から見れば、 「どうしてこんな単語を間違うの？」というような 単語であることも多い。しかし本人にしてみれば、 語源をもとにしようと、ゴロ合わせを使おうと、何 度もくり返して書こうと、とにかく区別しにくい、 というものだ。

　たとえこの単語集の中でそうした単語があって も、そう気にすることはない。"この単語とこの単 語の区別ができない"ということさえわかっていれ ば十分だ。

　単語だけ見たときには区別できなくても、実際の 英文中に出てきたときには、構文や意味から見分け られる。とにかく、混同したままでもいいから、 absurd と absorb は、「ばかげた」か「吸収する」 のどちらか、ということだけはしっかり覚える。そ うすれば、たとえば absorb を「ばかげた」と訳し て意味が通じないと思ったら、つぎに「吸収する」 を当てはめてみればいいわけだ。

3章

これだけは
覚えておきたい

動詞200語

　主語が何であるかがわかったら、文の構造をとらえるためにつぎに必要なのは、動詞を見つけ、主語が何をするのかを押さえることだ。動詞がまったくはいっていない文は、ふつうの文ではまずない。文中、動詞の意味をとらえるのは、英文を理解するうえでの必須条件である。

231

exist
[igzíst]

存在する

　もし英文中でこの語が出ててわからなくなったら、 is に置き換えて読んでいくと、意味がとりやすい。そして、訳出のときは、「いる、ある」を「存在する」と書き換える。これは、英文読解のうえで役立つテクニック。

232

abolish
[əbáliʃ]

廃止する

　法や制度などを撤廃するというニュアンスで使われる語である。入試ではこの単語の書き換えとして do away with ～ が出題されることが多いので、合わせて覚えておこう。

233

consider
[kənsídər]

(深く)考える

　consider が出たら、文全体の構文把握をふだんから意識して読み進んでほしい。consider that …「…ということを考える」。consider A to B「A を B であると考える」は regard A as B (243)も覚えたい。これらの用法では全文を訳す問題がよく出る。

234

accomplish
[əkámpliʃ]

成し遂げる

　同様の意味の語として achieve があるが、accomplish の方が堅い語として使われる。さらに同様の語として perform もある。これらは微妙な差異があるが、入試では全て「成し遂げる」で覚えておいて問題はない。

動詞

235

cause
[kɔ́ːz]

引き起こす

　試験によく出る単語だ。下線部訳、単語の並べ変え問題など、いろいろな角度から出題される。辞書の例文や参考書などで、この単語のある文章は、読みとばさずに、訳し方や使い方を覚えよう。名詞で使われると「原因」。

236

account
[əkáunt]

占める

　多義語である。account for ～ で「～を占める・～の原因になる・～の理由を説明する」という意味になり、名詞では「口座・報告書・説明書」という意味がある。要注意の語である。

237

add
[ǽ(ː)d]

加える

　add to ～「に加える」の形で、to を問う問題が多い。to 以外が入ることはまずないと思っていいし、to を選ぶのは簡単だが、逆にひっかけ問題ではないかと疑って、他の前置詞を入れないように。

238

remain
[riméin]

～のままである

　下線部訳で頻出する語。読み取りにくいときは、be 動詞に置き換え、訳すときに「である」を「ままである」に変えるとわかりやすい。He remains a boy. → He is a boy. （彼は少年である）→「彼は少年のままである」

動詞

239
continue
[kəntínju(ː)]

〜続ける

動名詞で continue reading for two hours「2時間読書を続ける」と"一定時間の持続"を表す場合と、不定詞で continue to practice English every day「毎日英語の練習を続ける」と"長期の継続"を表す場合があるので注意。

240
adopt
[ədápt]

採用する

もとは「養子にする」という意味だが、入試では「採用する」の意味で出されることが多い。似たようなスペルで adapt があるが、これは「適応させる・合わせる」なのできちんと区別しよう。

241
deny
[dinái]

否定する

deny that …「…ということを否定する」、deny 〜 ing「〜を否定する」のように使われる。また、There is no denying that …「…であることは間違いない」は、書き換えでよく出てくるので、慣用句として知っておくこと。

242
require
[rikwáiər]

要求する

よく「○○の曲をリクエストする」などというが request(リクエスト)「頼む」に比べ、require は「要求する」で更に強い意味。ほんとうに聴きたい曲の時は「次の××曲をリクワィアする」と使って require を覚えてみては。

243

adjust
[ədʒʌ́st]

調節する

　「調節」以外にも「慣れさせる」という意味で使うことがあり、adjust oneself to ～ で「自身を～に慣れさせる＝～に慣れる」という熟語がある。このフレーズも覚えておこう。

244

last
[lǽ(:)st]

続く

　名詞なら「最後」という意味。これは知っているだろう。が動詞の「続く」も忘れないでほしい。解釈で「最後」と訳すと、意味がとれなくなる。How long will the work last ?「その仕事はあとどれくらい長く続きますか?」などと使う。

245

aid
[éid]

助ける

　「バンドエイド」のエイドはこれだ。つまり、傷をバンドで「助ける」のである。「経済援助」などの"援助"の意味で名詞として用いられることも多い。発音もつづりも簡単だし、日本語にもなっているから、きちんと覚えておくこと。

246

resemble
[rizémbəl]

～に似ている

　日本語の「似る」は自動詞だが、これは他動詞。resemble ～ とすぐ目的語がきて「～に似ている」となる。正誤問題で、He resembles to his father. などとひっかけに出されることが多い。もちろん、 to などの前置詞は不要。

247

astonish
[əstániʃ]

驚かせる

surprise よりも意味が強く「ひどく驚かせる」というニュアンスで使われる。もちろん「驚く」というときは be surprised と同様に be astonished という形で使うので、I astonished at the news などのように書かないようにしよう。

248

apologize
[əpálədʒàiz]

謝罪する

意味は簡単なのだが、使い方に注意が必要な単語である。「A に対して B のことを謝る」というときは apologize to A for B の形をとる。前置詞を忘れたり順番を間違えないように注意しよう。

249

calculate
[kælkjəlèit]

計算する

アクセントは最初にあり、「カ」を強く読む。また、calculator と言えば「計算するもの＝計算器・電卓」を表す。最後が er ではなく or になることに注意しよう。

250

discuss
[diskʌ́s]

議論する

日本語でもおなじみのあるディスカッション（discussion）の動詞形なので、簡単な単語に思えるが、発音問題によく出される。「ディスカス」と「カ」を何度も強く発音して、どこにアクセントがつくのか、混乱しないように。他動詞なので前置詞は不要。

251

distinguish
[distíŋgwiʃ]

区別する

distinguish A from B「A を B と区別する」という形で使われるのが一般的。よく、書き換え問題として出されるが、これが出題されたときは、 A と B に当たる語を探して、何から何を分けるのかを把握するといい。

252

participate
[pɑːrtísəpèit]

参加する

この語は単独で覚えるのではなく participate in ～「～に参加する」と、in とワンセットで覚えておく。中学で習う take part in ～ も同じ意味だから、これもいっしょに覚えておくといい。言いかえ問題でよく出る。

253

surround
[səráund]

囲む

round には「周り」とか「回る」という意味がある。sur には surface「表面」(150)、survey「調査する」(430)のように、"上(＝ over)"といったニュアンスがある。"上から周りを"「囲む」と考えれば覚えやすい。

254

intend
[inténd]

～するつもりである

tend to ～「～の傾向がある」に in がついて意味が強まったものだと思えば楽。この単語も to とセットで使われる。I intend to go home soon. は、「もうすぐ帰るつもりだ」と、強い意志がはっきり伝わるように訳すこと。

255

suggest
[sə(g)dʒést]

提案する

　文章で訳すときは、「提案する」とすると固苦しい印象を与える。そんなときは、簡単に「言った」と訳したほうがいい。「こうしたらいいんじゃないですか」と、軽く持ちかける感じだと覚えておくといい。

256

determine
[ditə́:(r)min]

決定する

　decide と同様に to 不定詞を伴い「〜することを決定する」と使う。また、that 節などを伴い「(that 以下を)発見する・特定する」と使うこともある。いずれも「1つに決める」というニュアンスで関連させておこう。

257

occur
[əkə́:r]

起こる

　S occur to 人で「人に S が起こる」になり、これがよく使われる。また、A bright idea occurred to me.「すばらしい考えがひらめいた」など、"考え" が「起こる」ときにも使うので出てきてもあせらないこと。

258

accept
[æksépt]

受け入れる

　基本的かつ重要な単語である。いろいろな申し出や考えなどを「受け入れる」という意味。She accepted his kind offer. 「彼女は彼の親切な申し出を受け入れた」のように使われる。

259

imply
[implái]

(暗に)意味する

　日常的に使われている同義語の hint
や suggest「提案する」(255)やその名
詞 suggestion から覚えるのもいい。
「暗示する」という意味から Do you mean
to imply that~「~と言いたいの」の使
いかたで、that をともなう。

260

insist
[insíst]

主張する

　insist on ＋(動)名詞、あるいは
insist that S ＋ V の形で用いられる。
意味はどちらも「～を主張する」。
insist(　)という穴埋め問題がよく
出るが、あとにつづくのが(動)名詞
なら on で、S ＋ V の文の形なら that
を入れればいい。

261

refuse
[rifjú:z]

拒否する

　単独でも出てくるし、 to 不定詞を
伴った形でも出てくる。だが、いずれに
せよ、意味は「(～することを)拒否す
る」だけだ。refuse to のときは「～し
ようとしない」と軽く訳すこともあるが、
基本の意味を忘れないこと。

262

divide
[dəváid]

分ける

　divide A into B「A を B に分け
る」は、前置詞 into を書かせる穴埋
め問題として出されることが多い。こ
れは、はっきり覚えておかないとなかな
か into が出てこない。別の前置詞で
問題になることは、ほとんどない。

263

eliminate
[ilímənèit]

除く

「不要なものを取り除く」というニュアンスの単語である。また、トーナメントで相手を敗退させることもeliminate という。アクセントは「リ」の部分にある。

264

aim
[éim]

ねらう

aim to ～「～しようとする、企てる」、aim at ～で「～をねらう」だが、いずれにせよ根底にある意味は「狙う」だ。後にくるのが to か at かを選ばせる問題がよく出る。その後が動詞なら to、名詞なら at と覚えておけばよい。

265

involve
[inválv]

含む・巻き込む

どちらかというと be involved in ～で「～に巻き込まれる・～と関係がある・～に夢中になる」というように使われることが多い。in ～のものに取り込まれているというようなニュアンスだ。

266

describe
[diskráib]

描写する

絵などを描くことだけでなく、「（言葉で）表現する」の意もある。絵や言葉でイメージを他人にわかりやすく説明すること。言葉の場合は、「描く」では誤訳とされることもある。「描写する」と覚えておくのがいちばんだ。

267

prove
[prúːv]

証明する

　この語を訳すとき、うまく訳すには prove のあとに to be を入れるといい。The man proved honest. なら、The man proved to be honest. とする。「正直を証明した」が「正直であることを証明した」と、意味が通じやすくなる。

268

share
[ʃéər]

分ける

　動詞になると「分ける」だ。下線部訳問題では They shared the room.（彼らは部屋を共有した）のように「分ける」ではうまく訳せないことが多い。つねに「共有する」「分かちあう」など、ほかにいい訳がないか考えてみること。

269

fail
[féil]

失敗する

　fail to ～ という形で使われると、「～に失敗する」という意味になるが、not fail to ～ と否定文になると、「～に失敗しない」ではなく、「かならず～する」という肯定の文になるので、誤訳しないように要注意。

270

realize
[ríːəlàiz]

実現する

　「リアル」は日本語化しているが、これに ize がついて「実現する」という動詞になったもの。注意すべきはスペルだ。名詞について動詞化する似た語尾に ise がある。書くときは、z と s を間違えないように。

271

conclude
[kənklúːd]

結論する

　意味は「結論する」だが、「いったい何を?」と考えてみると文章把握の手助けになる。例えば conclude that ～なら「～ということを結論する」だから、that 以下が結論部分、そこは文章全体の核であることも多いので要注意。

272

improve
[imprúːv]

改良する

　「改良する」というと、機械など、ものの改良だけを想像しがちだが、目に見えないやり方、システム、健康などに関しても使われる。その際は「改善する」と訳す。例えば Improve your life!「生活を改善しろ!」など。

273

gain
[géin]

得る

　同じ「得る」でも get より「努力して得る」というニュアンスがある。また、「体重が増える」は gain weightと表し、「時計が進む」も My watch gains three seconds. のように表現する

274

employ
[emplói]

雇う

　派生語の区別もたいせつな語。雇う人は employer「雇用者」で、雇われる人は employee「従業員」だ。間違えると内容がまったく逆になる。まず、employ を「雇う(employ)人(er)」としっかり覚えてしまおう。

275

occupy
[ákjupài]

占有する

　もともと「占有する」という意味だが、そこから発展して、地位を占有する、つまり「従事する」という意味になる。さらに、そこからの派生語がoccupation「職業」になるわけだ。この際、いっしょに覚えてしまうのがよい。

276

include
[inklú:d]

含む

　「含む」と覚えておけばほぼ完璧だが、この語は分詞構文の形をとってincluding ～「～も含んで」の形で使われることがひじょうに多い。Including you and me,five of us went there. で、「君と僕を含めて5人がそこに行った」

277

abandon
[əbǽndn]

捨てる

　abandon a child「子どもを見捨てる」といった使い方のほかに、「断念する」ということで give up が主に口語的に使われる。名詞として使われると、「好き放題」「気まま」となる。

278

educate
[édʒəkèit]

教育する

　中学で習う名詞 education（教育）の動詞形なので、 educate の意味が、「教育する」であることはすぐにわかるはずだ。ただし、アクセントは名詞のときとは違い、第一音節の「エ」にくる。簡単な単語だからと油断しないように。

279

prohibit
[prouhíbət]

禁止する

　同様の意味で forbid や ban がある。若干ニュアンスは異なるが、入試ではそこまで意識しなくてよい。それよりも prohibit A from ～ing「Aが～するのを禁止する」という熟語の形を覚えておこう。

280

survive
[sərváiv]

～より長生きする

　名詞形の survival（サバイバル）「生き残ること」は日本語化しているので、覚えるのは簡単。ただし、いつも「生き残る」と訳したのではダメ。I survive you.「私はあなたより長生きする」のように「～より長く生きる」と覚えよう。

281

offer
[ɔ́(ː)fər]

差し出す

　こちら側から相手側に、何かを差し出すときに使われる。ただしその時「何を」差し出しているのか、注意しながら読むこと。「何を」の種類においては訳も「申し出る」「提案する」などにかわることもある。

282

explain
[ikspléin]

説明する

　「明らかな」という意味の単語 plain に ex（外）がついて、"外に明らかにする"つまり「説明する」考えるとわかりやすい。英作文や長文、下線部訳など、とにかくよく出題される。ふだんから重要語だということを意識すること。

283

compete
[kəmpíːt]

競争する

compete with A for B「B のため A と競争する」で with をともなう。ふだんよく使われるコンテスト contest「競う」と一緒に覚えよう。名詞は competition「競争」、同義語 rival もよく使われる。

284

complain
[kəmpléin]

不平を言う

complain of（about）〜で「〜について不平を言う」。complain to 〜は「〜に不平を言う」。complain of his father「父親について不平を言う」と complain to his father「父親に不満不平を言う（を聞いてもらう）」の区別に注意。

285

destroy
[distrɔ́i]

破壊する

まずは発音に気をつけよう。語頭にアクセントがきそうだが、最後の"roy"を強く読むのだ。また、break よりも意味が強く、修理・修復不可能な状態までに破壊することを意味している。

286

proceed
[prəsíːd]

進む・続ける

語源は pro（前に）＋ ceed（進む）で「続く」というようなニュアンスだ。to 不定詞を伴い proceed to 〜と書くと「次に（続けて）〜する」となる。proceed to discuss thr problem（続けてその問題を議論する）のように使われる。

287

acquire
[əkwáiər]

習得する

　目に見えるものより、目に見えない知識や習慣などを「得る」場合に用いられる。目的語が知識や習慣などだとわかっていれば下線部訳などでつまらない誤訳を妨げ、また知らない単語が出てきても推測でなんとか訳せることも多い。

288

contain
[kəntéin]

含む

　「中に含む」という意味でおさえておくことが重要。貨物などの「コンテナ」は、「コンテインするもの」という意味があるので、これと結びつけておくと思い出しやすい。同義語に include (279)があるので、同時に確認しておこう。

289

remove
[rimú:v]

取り除く

　語源は re（再度）＋ move（動かす）で、ここから「移す・取り除く」という意味が出てきている。「取り除く」の意味では take away という熟語で書き換えることが可能で、下線部書き換え問題で出題されがちだ。

290

approve
[əprú:v]

承認する

　訳は「よいと認める」で十分だが、approve of 〜「〜をよいと認める」は穴埋め問題でよく出る。知らないと、どんな前置詞でもきそうに見える単語だ。しかし approve につくとしたら of だから、自信をもって答えよう。

291

recognize
[rékəgnàiz]

認識する

「レカグナイズ」と最初にアクセント。だが、名詞の recognition は「レカグニション」というアクセントになるので注意。意味は「認識する」。抽象的だが、この訳を覚えておくと、不思議とピタリとあてはまる。下線部訳で頻出。

292

concern
[kənsə́ːrn]

関係する

concern 自体の意味を覚えることもだいじだが、入試では、as far as ～ be concerned、という熟語が問題として頻出する。ほとんどが和訳を書かせるものなので、「～に関するかぎり」という訳も暗記しておくこと。

293

notice
[nóutəs]

気づく

訳は「気づく」で大丈夫だが、I notice that … などと that 節が出てくると案外複雑なのできちっと読むこと。また、ハッとするのは、「通知、提示」という名詞で使われた時。これもハッキリおさえておきたい。

294

revise
[riváiz]

修正する

re（再度）+ vise（見る）で成り立っていて、「もう一度見る＝見直す」というニュアンスで使われる。最後の se は「ス」ではなく「ズ」という発音なので注意しよう。

295

resign
[rizáin]

辞任する

"g" は読まずに「リザイン」と読むことに注意しよう。細かなニュアンスの違いはあるが、類義語に retire や quit という動詞もあり、長文内での言い換え問題で出題されることがある。

296

affect
[əfékt]

影響する

Alcohol affected me「お酒がきいてきた」という意味のほかに「感動させる」の同意語に move、touch がある。名詞の発音は「 ǽfekt 」、effect「効果」(12)との混同に注意しよう。

297

decline
[dikláin]

低下する

incline と同じ「傾く」でも、下に傾くのイメージ「グラフが傾く、健康・運勢が下降する」などいろいろな意味があるが、グラフがどんどん下に傾いていくマイナスのイメージを持っていれば、なんとなく訳せる。

298

obtain
[əbtéin]

獲得する

同じ「得る」でも get から gain「géin」、そして obtain と、努力の順で「得る」イメージで覚えるのもいい。スパイとまでは言わないが、「何とかして情報を手に入れる」ことは、obtain information about ～となる。簡単に get はできない。

299

secure
[sikjúə(r)]

確保する

　動詞としては「守る」という意味もある。また、形容詞で「不安のない・安全な」という意味でも使われ、security（警備・保証）の語源となっている。合わせて覚えておこう。

300

express
[iksprés]

表現する

　express の press は、ズボンプレッサー（ズボン押し機）の「プレス」で、「押す」という意味。これに外を表す ex がついて"（中にあるものを）外に押す"つまり「表現する」という意味になる。語源から覚えると覚えやすい語だ。

301

exchange
[ikstʃéindʒ]

交換する

　商取引や貿易関係の場面で、よく出てくる単語。この exchange をただ「替える」と覚えると、うっかり「変える」（英語で change ）と誤ることもあるので、やめたほうがいい。「交換する」と覚えておけば、間違うことはない。

302

respond
[rispánd]

反応する

　人の行為に対して「反応する」時は、「答える」と訳すこともあるが、いずれにせよ、respond to ～「～に応じる」と前置詞をつけて使うことが多い。名詞形response「反応、応答」もよく見かける単語なので、いっしょに覚えるといい。

303

earn
[ə́:rn]

儲ける

ear のつく単語の発音の区別はよく問題にされる。この earn も、発音問題でよく出される。つまらないところで点を落とさないように、「アーン」と何度も発音して、間違えないようにしておくこと。

304

establish
[istǽbliʃ]

設立する

"しっかり定める"というニュアンスを持つ語で、入試の文中では、be established と、受動態の形で出てくることが多い。また、法律なら「制定する」、名声なら「確立する」など場面によっては訳をかえた方がいいこともある。

305

suspect
[səspékt]

疑う

suspect that … を訳させる問題がよく出る。この場合「疑う」というよりも、doubt よりも"軽い疑念"を表わし「…ではないかと思う」といった感じに訳すといい。I suspect that she is a spy. は、「彼女はスパイじゃないかと思う」

306

extend
[iksténd]

広げる

extend to ～「～にまで及ぶ」の形で頻出。だから extend ときたら、まず to を捜してみるといい。なければかんたんに訳せるし、もしあれば to の前後に注意して、「広げる」範囲がどこまでなのか、しっかりつかむこと。

307

annoy
[ənɔ́i]

困らせる

annoy 人 with ～ で、(～によって、人を困らせる)という意味。"～"が動名詞だと、前置詞は by になるが、訳そのものは「困らせる」でいい。イライラさせられるというイメージを持って覚えるのがコツだ。

308

disappoint
[dìsəpɔ́int]

失望させる

過去分詞の形で形容詞的に使われることが多い。たとえば be disappointed that …「…ということに失望する」など。また、The book disappointed me.「その本にはがっかりした」のように、主語を目的語のように訳すといい。

309

replace
[ripléis]

～にとってかわる

re(ふたたび)とplace(置く)とが合体して"ふたたび(もとに)置く"というのが本来の意。つまり、まえのものとべつのものを置くと考えれば、「～にとってかわる」というわけだ。受験ではこの意味がよく問われる。

310

argue
[ɑ́ːrgjuː]

論じる

「論じる」で覚えておくのが第一だ。ただし、argue that …となると、「論じる」を当てはめてみても、うまくは訳せない。この場合、「…ということを主張する」と訳すと、ぴったりくることがある。覚えておくといい。

311

behave
[bihéiv]

ふるまう

He behaved (himself) well.
「彼は行儀よくふるまった。(行儀がよ
かった)」のように使われる。これを名
詞 behavior を使って書き換えると、
His behavior was good. となる。こ
の書き換えは頻出するから要注意。

312

force
[fɔːrs]

無理に〜させる

force 人 to 〜 で「人に、無理に
〜させる」という意味。名詞では「力」
となり、in force というと、法律など
が効力を持っていること、つまり「実施
中」という意味になる。部分訳で出て
くるので、しっかり覚えておきたい。

313

obey
[oubéi]

従う

アクセントは、まん中について「オウ
ベイ」。簡単なようだが、これが案外、
問題にされる。また、名詞のobedience
「服従」、形容詞の obedient 「従順
な」もよく出てくる。いずれも obey か
らは類推しにくいので、注意したい。

314

warn
[wɔ́ːrn]

警告する

「警告する」ための警報が、「ウォーン」
と鳴るのをイメージすると覚えやすい。
He warned me against doing it.
「彼は私にそれをするなと警告した」は
He warned me not to do it. の形
に書き換えられることを知っておこう。

315

vary
[véəri]

変わる

これ一つ覚えておくだけで、var が頭につく多くの単語の意味がつかめるようになる。「変わる」というもとの意味から、various「さまざまな」、variety「変化、多様」、variation「変動、変化」の意味が自然に見当がつく。

316

allow
[əláu]

許す

発音と見間違いに注意。arrow「ǽrou」は弓矢。allow A(人)to 動詞の形で「Aが‥するのを許す」、allow for A で「Aを考慮しなさい」。同義語としては forgive だが、こちらは「罪を許す」という意味あいが強い。

317

accompany
[əkʌ́mpəni]

同行する

単独より熟語として覚えたほうが、はるかに役にたつ単語だ。しかも、ほとんどの場合、be accompanied by 人「人と一緒に」の形で出てくる。accompany の前に be 動詞がついて受身形になることに注意すること。

318

impose
[impóuz]

押しつける

人に面倒な重荷を「押しつける」の意味だが、もっとも問題にされるのは、熟語 impose 〜 on 人だ。「人に〜を課す」という意味だが、"人の上に押しつける"とイメージすれば、on は頭に焼きつけやすいだろう。

319

protect
[prətékt]

保護する

　野球の捕手が身につけて「保護する」のがプロテクターだ。いつつくるかわからないものに備える意味だから、単に「守る」と覚えるより「保護する」のほうがいい。なお、攻撃に対して積極的に抵抗して「守る」意味なら defend 。

320

reduce
[ridʒúːs]

減らす

　辞書には多くの意味が出ているが、「減らす」とだけ覚えていればいい。あとは、文脈に合わせて「減らす」というマイナスのイメージで考えれば「(位を)下げる」「体重を落とす」「弱める」などといった意味はすぐに浮かぶだろう。

321

possess
[pəzés]

所有する

　財産やモノだけでなく、性質などを「所有」するときにも使うので注意したい。また、スペルと発音もたいせつだ。アクセントと濁音に注意して、「パゼス」と声にだしながらスペルも同時にマスターしたいもの。

322

negotiate
[nigóuʃièit]

交渉する

　商社マンなどが、"交渉"のことを"ネゴ"というが、これはこの単語の頭をもじったもの。正しくは「ニゴウシエイト」。名詞 negotiation では「ニゴウシエイション」とアクセントが変わる。国際関係を論じる問題文で頻出。

323

settle
[sétl]

定住する

　多義語である。もとは「落ち着かせる」という意味で、そこから「置く・決定する・解決する」等の意味が出てきた。「固定する」のようなニュアンスを覚えておけば、文脈に応じて訳語を決められるだろう。

324

compose
[kəmpóuz]

構成する

　英語の教科書にはかならず、どこかで composition と出てくる。「英作文」のことだが、覚えておきたい意味は、「構成」だ。英語を「構成」して、文を作るから英作文なのだ。この動詞形が compose「構成する」だ。

325

confuse
[kənfjúːz]

混乱させる

　受動態で使われることが多く、「混乱させられる」すなわち「まごつく」と訳すとわかりやすい。が、能動態のときも「混同する」と訳すことがある。要するに、文脈によって訳出が変わるから、読み取りがたいせつな単語だ。

326

bother
[báðər]

悩ませる

　他動詞としても、自動詞としても使われる。自動詞のときは、bother about ～ となることが多い。意味は「～を悩む」。この熟語は worry about ～ に書き換える問題としてよく出されるので、いっしょに覚えるといい。

327

appreciate
[əpríːʃièit]

真価を認める

　文脈によりいろいろな意味に訳せる典型的な多義語だが、「真価を認める」とさえマスターしておけば心配はない。絵画との関連で使われたときは「鑑賞する」、人の親切などに対しては「ありがたく思う」と自然に訳せるようになる。

328

assure
[əʃúər]

保証する

　形容詞 sure（確かな）の動詞だと思ってしまえばいい。「確かにする」という意味から、「保証する」という意味に広がってくる。何を「保証する」かは、そのあとの of 〜 か that 〜 に出てくるので、腰をすえて読むことだ。

329

maintain
[meintéin]

保つ

　同じ「保つ」意味の keep よりもやや硬めの文章に出てくるが、maintain を keep にかえて訳してみるとうまく訳せる。なお、クルマの維持管理のことを、「メンテナンス」というが、これは maintenance で名詞形である。

330

publish
[pʌ́bliʃ]

出版する

　public「公共の」の名詞形で、本来は「（公共）に発表する」ということだが、受験英語の問題文中では、「出版する」と使われる場合が多い。注意したいのは、publisher が、人ではなく「出版社」であるということだ。

331

forgive
[fərgív]

許す

　注目したいのは、forgive は to ＋不定詞をとらないことだ。forgive 人 (for) ～ ing で、「人が～することを許す」と使われる。この訳出時に、目的語だからと、「人を～」とするのはダメ。後ろに ～ ing がきたときにはご注意を。

332

forbid
[fərbíd]

禁じる

　個人的に禁止するときの言葉。ふつう forbid 人 to ～「人に～することを禁ずる」と用いる。類義語の prohibit はどちらかというと硬い表現で、法律や規則で禁ずることを表わす。この違いがわかるかどうかで英作に差がつく。

333

trust
[trʌst]

信頼する

　中学の公民の授業で、「トラスト」という言葉を習ったはずだ。会社同士が、「信頼」関係で提携し、市場を独占しようとするかたちを指す言葉だ。この記憶をたどれば、訳が簡単にイメージできるはず。

334

despair
[dispéər]

絶望する

　反意語をよく問われるから、 hope「希望する」といっしょに覚えておくといい。また、形容詞は desperate「絶望的な」だが、もう一つ、絶望のため「自暴自棄になって」という意味もある。ときどき使うから、覚えておくこと。

335

treat
[tríːt]

扱う

　和訳問題では何を「扱う」かだけで
なく、どのように「扱う」かも問われる。
この単語は treat 〜 with kindness
「〜を親切に扱う」、treat 〜 badly
「〜を虐待する」、treat A as B「 A
を B として扱う」などと使う。扱い方も
さまざまだ。

336

avoid
[əvɔ́id]

避ける

　He avoids me.「彼は私を避けてい
る」などと使うだけでなく、He avoids
spending his money.「彼はお金を
使うのを避けている」の形でよく出題さ
れる。avoid のあとに、〜 ing がくる
場合には、「したがらない」と訳してみる
といい。

337

convince
[kənvíns]

納得させる

　試験ではかならずといっていいほど、
convince 人 of 〜「人に〜を納得させ
る」の形で用いられる。convince 人 of
をセットで覚えたい。I am convinced.
と受動態のときは、素直に「私は納得
している」と訳せば申し分ない。

338

fulfill
[fulfíl]

成しとげる

　語源を考えてみれば、覚えるのは簡
単だ。full が"いっぱい"、fill が"満
たす"という意味だ。この二つを合わ
せると、"いっぱいに満たす"となり、そ
こから「成しとげる」という意味になる
のだ。工夫ひとつで覚えるのもぐっと
ラクになる。

339

accuse
[əkjúːz]

非難する

　穴埋め問題として出るのが、accuse A of B「A（人）をBの理由で非難する」の of である。同義語に charge があるが、「請求する」の他に「告発する」という意味があるが法的なニュアンスが強い。名詞は accusation（非難）。

340

compromise
[kámprəmàiz]

妥協する

　発音がやっかいで、「**カ**ムプラマイズ」と最初にアクセントがくる。意味は「妥協する」でも、発音は妥協せず、声に出してしっかり覚えることだ。com（一緒に）、promise（約束する）から"コンプロミス"と発音しないように!!

341

revive
[riváiv]

復活する

　映画で「リバイバル上映」と言えば昔上映された映画を再演することだが、この「リバイバル（revival）」は、revive の名詞形。「復活する」が堅い表現だと思える文章なら、「生き返る」と訳そう。

342

consume
[kənsúːm]

消費する

「消費税」のことを英語では、consumption taxというが、consumption自体も「消費」。その動詞が consume「消費する」である。よく出てくるが、知らないとどうしようもない言葉だから、早めにマスターしてしまいたい。

343

achieve
[ətʃíːv]

達成する

　学力検査のことを、学習の"到達"度を見るという意味で"アチーブメントテスト"と呼ぶことがある。受験の年間計画表に模試の日を achievement（達成）test と書き込んでおけば、いやがおうでも覚えられる。

344

seize
[síːz]

つかむ

　「つかむ」とさえ覚えておけば、文脈に合わせていくらでも対応できるようになる。物なら「つかむ」、考えながら「把握する」だ。ちなみに発音だが、正しくは「シーズ」である。「セイズ」などとせぬよう、くれぐれもご注意を。

345

adapt
[ədǽpt]

適合させる

　adopt（採用する）と一字違いで混同しやすいので厄介だ。語い選択問題で、この二つの単語を並べてくることが多い。日本語化している電化製品の"アダプター"を、そのままローマ字読みで覚えておけば間違うことはない。

346

hesitate
[hézətèit]

ちゅうちょする

　国語の受験勉強と並行させるなら、「躊躇する」と漢字で覚えることだ。ただし、英語の本番で漢字がわからなかったら、ひらがなでいい。つまらぬ減点をされずにすむ。言い換えなら「ためらう」「〜したがらない」がいい。

347

observe
[əbzə́:rv]

観察する

辞書にはいろいろな訳が載っているが、「観察する」をマスターすれば、受験では万事が通じるのでだいじょうぶ。「観察する」という意味がわかっていれば、見てわかる、つまり「気づく」という訳もすぐに出るようになる。

348

reveal
[rivíːl]

明かす

よくモノが何かに隠されていることを"ベールに包まれる"というが、ベール(veil)は"覆い"の意味。"離・ベール"、すなわち「(正体を)明かす」と覚えていけばいいだろう。ただし、発音は「リヴィール」であることを忘れぬように。

349

content
[kəntént]

満足する

前置詞の穴埋め問題で頻出。be content(ed) with 「〜に満足する」は絶対に忘れてはだめ。この単語は、形容詞も名詞も同形なので効率がいい。ただし、名詞形はほとんど contents と複数形で用いられ、意味は「中身」となる。

350

release
[rilíːs]

放つ

「新曲をリリースします」というのを聞いたことがあるはずだ。これはCDなどを市場に「放つ」ことだ。このイメージで覚えておけば、どんな問題が出てきても、まず間違いはない。

351

stare
[stéə]

見つめる

　同義語は gaze「見つめる」でともによく出てくる。 stare がじろじろ見るイメージなのに対し、 gaze は、恋人を見つめるなど気持ちがこもっていることが多い。ただ実際の試験では、どちらも「見つめる」としたほうが無難だ。

352

overcome
[òuvərkʌ́m]

打ち勝つ

　単語だけ見ると簡単そうだが、実際に出てくると訳の思い出せないことの多い単語だ。 over （上に）と come （来る）に分解して、"何かの上に来る"つまり「打ち勝つ」とこじつけると、苦しいときでもなんとかなる。

353

represent
[rèprizént]

代表する

　「表す」とだけ覚えている人が多いが、受験では「代表する」という意味で使われることもしばしばある。また、 representative は、形容詞のようにみえるが、名詞「代表者」という意味である。語尾にまどわされてミスしないこと。

354

deliver
[dilívər]

配達する

　宅配ピザ屋さんのような「配達」システムを"デリバリーシステム（delivery system）"とよくいう。 deliver は、 delivery の動詞。一度宅配ピザ屋さんに電話して、「デリバリーしてください」と注文してみれば一発で覚えるはずだ。

355

permit
[pərmít]

許す

　物や事が主語の時、訳出時にひと工夫必要なことが多い。たとえば、The weather did not permit us to go on a picnic.「天気が我々を、ピクニックに行くのを許さなかった」なら「天気が（悪くて）ピクニックに行けなかった」

356

pretend
[priténd]

〜のふりをする

　かならずといっていいほど、to 不定詞といっしょに用いられる。He pretends to be honest.「彼は正直なふりをしている」。問題では、pretend の後を丸ごと穴埋めさせることも多い。まず、to 不定詞を試してみることだ。

357

concentrate
[kánsəntrèit]

集中する

　コンセントがたこ足配線になって、電源が一ヶ所に「集中」しているところをイメージすれば、わりと覚えやすいはずだ。また、concentrate on 〜で「（目的・仕事など）に集中する」という意味がある。

358

endure
[endjúər]

耐える

　辞書を見ると、「耐え忍ぶ」「こらえる」「我慢する」、などとあるが、受験英語では「耐える」一本槍で十分だ。覚え方は、"エンジャー、エンジャー（いいんじゃあ、いいんじゃあ）と耐える"と唱えてみてはどうか。

359

suspend
[səspénd]

吊るす

　ズボンを吊るすヒモのことを「サスペンダー」というが、これを手がかりに覚えるといい。宙ぶらりんにすることから「（物事を）吊るす」、つまり「（物事を）中止する」という意味にもなる。訳出は文脈によって考えること。

360

consult
[kənsʌ́lt]

相談する

　日本語につられて誤訳しやすい単語の典型だ。相談をひき受けるコンサルタントにつられて"相談にのる"などと訳すと逆の意味になってしまう。I consult you. は「私はあなたに相談する」という訳になるのだ。

361

swallow
[swάlou]

飲み込む

　もちろん「ツバメ」という名詞もあるのだが、動詞では「飲み込む」だ。drink が「飲む」のに対し、swallow は「ごくりと飲み込む」様子を表している。

362

mention
[ménʃən]

言及する

　mention が使われる場合は、同じ「言う」でも、 say とはすこし違う。「話の内容にすこしふれる」「話題に出す」という意味合いで使われるから、英文を読んで mention が出てきたときに、この語感をつかんでおくこと。

363

perceive
[pərsí:v]

知覚する

「知覚する」と覚えておけばいいのだが、日本語ではこんな言い方はほとんどしない。「知覚する」から「気づく」「わかる」と発展させていくと、文章のとおりががぜんよくなっていく。受験本番では、こういうところで差をつけたい。

364

indicate
[índəkèit]

指し示す

「指し示す」というふだん使わない言葉で覚えるのだが、実際に訳すときは、「指す」だけでもいい。「この矢印は右の図を指し（示し）ている」といった具合だ。「指し」て「示す」という語感を覚えることができればいいのだ。

365

predict
[pridíkt]

予言する

覚え方として pre+dict、pre はプレオリンピックのプレで「先」、dict は dictate「口述する」の意味。predict the future で「未来を予言する」。fore（前の）+tell で foretell「予言する」、forecast「天気を予報する」も覚えやすい。

366

persist
[pərsíst]

固執する

辞書を見ると、いろいろな訳がのっているが、試験では「（意見や主張に）固執する」という意味で使われることがほとんど。persist in ～「～固執する」が重要で、穴埋めで in を間違えるようでは合格不可能。

367

claim
[kléim]

(当然のことを)要求する

会社などには、クレイム処理専門の係のあることが多いが、日本ではこの言葉は、もっぱら"文句"や"イチャモン"という意味で使われる。本来のこの語は、「(当然の権利を)要求する」という意味。"イチャモン"などではない。

368

recommend
[rèkəménd]

推薦する

人でも物でも、とにかく「(何かを)推薦する」ときに使われる。文法的にも意味的にも難しいことは何もないので、「推薦する」と覚えておけば大丈夫。レストランで、「今日は何をリコメンドしますか?」とでも言えれば完璧だ。

369

confirm
[kənfə́:rm]

確かめる

firm は「堅い、しっかりした、確かな」という意味の形容詞である。これさえ覚えれば、confirm は「firm にする」、つまり「確かめる」という意味であることは、文中では簡単に思い出すことができる。

370

inspect
[inspékt]

検査する

suspect「疑う」(305)、aspect「面」(119)など、-spect という単語が多いので、意味類推しやすい。in(中を)+spect(見る)ということから、「(〜を)検査する」となる。機械を検査したり、視察したりするのに使われる。

371

struggle
[stráɡl]

奮闘する

"もがきながら奮闘努力する"といった意味の言葉だ。「奮闘する」と覚えておくといい。struggle to ～で「～しようと努力する・奮闘する」という表現もあるが、難しい使い方はとくになく、意味だけ覚えれば十分。

372

explore
[iksplɔ́:r]

探検する

探検などという言葉はめったに使われないようだが、試験には出る。長文でこの単語が出てきたら、周りに読めない地名や人名、動物名などがあっても驚かない。まず話の筋を追う。そうすれば、内容は楽勝のことも多い。

373

imitate
[ímətèit]

まねる

絵や宝石などで、本物そっくりにつくられたニセモノを imitation（模造品）という。ただし、動詞 imitate の「まねる」は、悪意はまったくない。「（誰かを）見習う」などの文脈にも使うから、偏見を持つと間違いの元になる。

374

apply
[əplái]

当てはめる

辞書にはいろいろな訳がのっているが、入試では、まず「当てはめる」と覚える。これさえマスターすれば、あとは文脈に沿った訳が自然にできるはず。注意すべきは自動詞で、これが出てきたら「当てはめる」と考えよう。

375

investigate
[invéstəgèit]

調査する

　「調査する」というと学問のことと思いがちだが、investigate は、視察、捜査など、およそ詳しく調べるときによく使う。けっして範囲の限られた単語ではない。そこを勘違いすると、思わぬしっぺ返しを食うので要注意だ。

376

utter
[ʌ́tər]

言う

　「アター」と発音する。say も「言う」だが、こちらは言葉を発すること。utter は言葉にならないうなり声や溜め息、舌打ちなどのすべてを含む。say とのちがいをはっきりと。副詞の utterly「まったく」も知っておくと得。

377

illustrate
[íləstrèit]

説明する

　イラストという言葉から、この illustrate も「絵を書く」という意味だけに取られがちだ。しかし試験では、「（わかりやすく）説明する」のほうがはるかに重要。この場合の説明は、絵でなく言葉でもよいのに注意すべし。

378

solve
[sálv]

解く

　solve the problem「問題を解く」の形でよく使われる。同じ問題でも、question「質問」には answer the question. つまり solve は「解答する」answer は「回答する」となる。そこで、名詞 solution（解答）は「溶解」の意味も持つ。

379

postpone
[poustpóun]

延期する

　訳さえ覚えてしまえば、使い方や発音などはとくに問題ない語。ちなみに同様の意味の熟語として put off が挙げられる。間違いやすいが、put on（着る）⇔ take off（脱ぐ）であって、put off に「脱ぐ」という意味はないことに注意しよう。

380

advance
[ədvǽns]

進む

　長文問題でよく出てくる。「進む」という訳自体だいじだが、ついでにマスターしておきたいのが熟語 in advance。「あらかじめ」と訳すが、この熟語によって時間の前後関係がわかるため、そこを出題の狙いとされやすい。

381

derive
[diráiv]

引き出す

　この単語は、試験に出るときでも derive from ～「～から」を伴っても頻出するから、ぜったい覚えておきたい。こなれた日本語に訳したいときは、基本の形の「引き出す」から考えていくと、かならずうまくいく。

382

escape
[iskéip]

逃げる

　escape from ～「～から逃げる」という構文で出題されることが多い。これをまず覚えてしまう。from がなく、目的語がある場合は「未然に逃げる」の意味になる。たとえば、escape prison は、「刑務所行きを免れる」と訳す。

383

construct
[kənstrʌkt]

構築する

建物などを「建築する」という意味が一般的だが、むしろ試験英語では、「構築する」と覚えておいたほうがいい。a well constructed novel「構成のうまい小説」などと出題される例が多いからだ。美術なら「構図する」となる。

384

capture
[kǽptʃər]

とらえる

ふつう辞書には「捕獲する」も出ているが、こんなふだん使わない言葉より、「とらえる」で覚えたほうがイメージも湧きやすい。受験では、動物や犯人をとらえるほか、人の心をとらえるなどと使うのも知っておくと完璧だ。

385

manage
[mǽnidʒ]

管理する

アクセントは、「ミャニジ」。くれぐれも「マネイジ」とならないように注意。解釈では manage ～ なら「～をうまく管理する」でほとんどOKだが、manage to ～ となると「なんとか～する」の意味が出る。絶対覚えてほしい。

386

transfer
[trænsfə́:(r)]

移す

もとは移動を表すが、ここから「乗り換える」という意味も出てきた。「電車を乗り換える」という意味でも使えるし、「（スポーツ選手が）チームを変える＝移籍する」という意味でも使うことができる。

387

declare
[dikléər]

宣言する

　歴史を扱った文章、政治的色彩の濃い文章に散見される。人名、固有名詞などにはさまれて主題も複雑なことが多い。この単語の出る問題では、単語の意味を問われるより、宣言の内容に関わる設問が多いことを知っておきたい。

388

persuade
[pərswéid]

説得する

　persuade 人 of ～「人に～を説得する」が頻出。このほか persuade 人 to 不定詞、persuade 人 that … などがあるが、マスターしたいのは persuade 人 out of ～「～しないように説得する」。of の反対が out of になるのだ。

389

approach
[əpróutʃ]

近づく

　女の子にアプローチする、ゴルフのアプローチ・ショットなど、ほとんど日本語になっている言葉だから、「近づく」という意味も覚えやすいはずだ。あとは、つづりで P を一つ落としてしまわないように注意すれば万全。

390

reflect
[riflékt]

反射する

　辞書には、多くの訳語が出ているが,とにかく「反射する」をまず覚えておく。あとの訳語は、いずれも、"何かが何かに反射する"動きをイメージすれば、浮かんでくる。たとえば、「鏡に映る」とか「すぐ返事する」などである。

391

react
[ri(:)ǽkt]

反応する
「反応する」意味では animals eyes react to light「動物の目は光に反応する」だが、「反発する」の場合にはその相手に対してだから、react against〜になる。派生語の reactor（nuclear reactor）は「原子炉」の意味もある。名詞は reaction。

392

interrupt
[ìntərʌ́pt]

妨げる
アクセントは、「インタラプト」と後ろにくるので注意。会話文中に Don't interrupt me. などと出てきたら、「私がはなすのを妨げるな」、つまり「ちょっと黙っていてくれ」という口語訳になる。「妨げる」と覚えておけば十分だ。

393

urge
[ə́:(r)dʒ]

促す
「説得」や「催促」のように、やや強い「主張・促し」を表す語である。入試では urge 人 to 〜「人に〜するよう説得する」という形で出題されることが多い。また、urge that S' V' で「S' が V' だと強く主張する」という使い方もある。

394

submit
[səbmít]

提出する
文章を「提出」する、などと使われるが、試験には submit oneself to 〜と出題されることも多い。「〜に自分自身を提出する」、つまり「服従する」という意味になる。まず「提出する」をおさえれば、十分対応がきく。

395

regret
[rigrét]

後悔する

I regret to say that … 「残念ながら…です」は、穴埋めでも作文でも出てくる重要構文。このまままとめて覚えておこう。この単語は名詞としても、動詞としても使われる。名詞の場合はもちろん「後悔」の意味。

396

attract
[ətrǽkt]

魅了する

「魅了する」とは、人の関心や興味を強くひきつけること。おなじみの名詞 attraction は、興味をそそられる「催し、呼びもの」といったところ。形容詞 attractive 「魅力的な」は典型的な形容詞語尾なので覚えやすいはず。

397

respect
[rispékt]

尊敬する

このままの形で名詞「尊敬」にもなるので、あわせて名詞も頭に入れておく。注意すべきは、in this (that) respect という構文で、この場合「この(あの)点では」と訳さないと通じない。この respect は名詞のほう。

398

oblige
[əbláidʒ]

無理に〜させる

試験では、oblige 人 to do で「人に〜させる」という形で出てきやすい。この構文に気づかず、意味をとりそこねるケースが多い。oblige が出てきたら、まず to 不定詞を探し出し、"誰に""何を"無理にさせるのかをつかむこと。

399

isolate
[áisəlèit]

孤立させる

　isolate A from B「A を B から孤立させる」という構文が、よく出題されるから、isolate があったら from に注目。受験生を惑わせるために、A、B に当たる部分がややこしい場合があるが、まず from を探せば道は開ける。

400

neglect
[niglékt]

怠る

　訳の日本語そのままでは入試で通じないことがある。この「怠る」も、本来は「やらなくてはならないことをやらない、怠る」の意味。めんどうくさいから見過ごす→無視する、の意にもなるが、まずは「怠る」をインプット。

401

preserve
[prizə́:rv]

保存する

　同義語の keep「保つ」や「プロテクター」で聞きなれている protect「保護する」、さらに save「救助する」といった単語と関連して覚えるのもいい。ただニュアンスとしては、preserve health のように「維持保存する」意味が強い。

402

prevail
[privéil]

流布する

　広く行きわたるという意味の「流布する」という訳語を覚えておけば、入試ではまず大丈夫。ついでに prevalent「一般に行なわれる」を、prevail among ～「～のあいだに広く行きわたった」の形で覚えておこう。

403

invest
[invést]

投資する

最近の入試の"経済もの"の長文で、しょっちゅう出てくる語。お金や精力などを投資するといった文脈で使われることが多い。invest money in ～「～に投資する」というように、投資する対象には in がつくことを覚えたい。

404

punish
[pʌ́niʃ]

罰する

"パニッシュとムチをふるう"様子をイメージすれば、「罰する」という意味はすぐ覚えられる。本番でも思い出しやすい。この単語が頭にはいっていれば、たまに出てくる形容詞 punitive「罰の」も簡単に訳せて完璧だ。

405

exhibit
[igzíbit]

展示する

発音は「イグジビト」である。むずかしいので、濁点の位置とアクセントに注意しながら、何度も声に出して読むこと。三カ所も濁音がくることに気をつければ、覚えるのは簡単。もう忘れる気のしない単語だ。

406

advertise
[ǽdvərtàiz]

広告する

マスコミ批判がテーマの文章には、しばしば出てくる単語だ。この動詞を覚えておけば、名詞形 advertisement「広告」も意味はわかるはずだ。ただ、アクセントが動詞「アドヴァタイズ」、名詞「アドバタイズメント」となるのに注意。

407

conceal
[kənsíːl]

隠す

conceal の con は強意をあらわす
接頭語。そこで、"シール（seal）を張
って、「隠す」"と覚えればいい。アクセ
ントが第2音節の「シール」にくること、
反意語が reveal「明かす」(348)であ
ることも忘れないこと。

408

attempt
[ətémpt]

試みる

やや形式ばっているが、要は、try
と同じと考えればいい。英語は同じ単
語を繰り返して使うのを嫌うので、try
のかわりに出しているにすぎないこと
もある。この単語ができたら try に置
き換えて行けば意味は十分とれる。

409

reject
[ridʒékt]

拒絶する

カセットデッキにはイジェクト
（EJECT）ボタンがあるが、reject は、
イジェクトに r がついたものと考えれ
ば意味は近い。申し出や提案などをき
っぱり「拒絶する」ときに使う。反意語
の accept「受け入れる」も重要単語
だ。

410

suffer
[sʌ́fər]

苦しむ

苦痛や不快なことを受ける場合で、
suffer heavy damage「深刻な損害を
被る」、suffer from A「Aに苦しむ」とい
う使われかたをする。同じ意味の単語に
undergo がある。名詞形は suffering「受
難」、sufferer「被害者」。

動詞

3章 これだけは覚えておきたい動詞200語

411
distribute
[distríbjuːt]

分配する
　tribute は、これだけで「貢ぎ物」の意味だ。distribute「分配する」のほか、意味も似ていて混同しやすい大事な語が三つある。受験には dis, con, at が不可欠で、contribute は「貢献する」(416) attribute は「(結果を)～に帰す」と訳す。

412
organize
[ɔ́ːrgənàiz]

組織する
　「～を組織する」という意味で、他にまぎらわしい語がないので意味はすぐとれる。名詞の organization「組織」もあわせて記憶してほしい。アクセントの位置がまぎらわしいが、声に出して発音すれば覚えられる。

413
repair
[ripéər]

修理する
　リペアという言葉は、日本語としてかなり定着している。意味は「修理する」である。壊れた靴を直してもらうとか、スキーの板やカメラを修理するとき、お店の人に「リペアしてください」と頼めば、すぐにマスターできる。

414
perform
[pərfɔ́ːrm]

実行する
　「実行する」意味に間違いないが、そのまま訳すと意味が通じないことが多い。演劇の場合は「上演する」、音楽の場合は「演奏する」。仕事や義務なら「果たす」というように、前後の文章によって訳し方を変えるといい。

129

415

ignore
[ignɔ́:*r*]

無視する

「気づかない」というよりは「意図的に無視する」といったニュアンスの単語である。動詞は「無視する」だが、形容詞は ignorant は「無知な、無知である」となる。

416

contribute
[kəntríbju(:)t]

貢献する

辞書には、いろいろな意味が述べられているが、試験では、「貢献する」の一つだけを覚えていれば問題ない。contribute to 〜「〜に貢献する」と丸覚えしたい。tribute は「貢ぎ物」という意味の名詞である。

417

survey
[sə(:)*r*véi]

調査する

「見渡す」「見晴らす」などの訳もあるが、「調査する」の訳で覚えておくといい。field survey は "野原の見晴らし" ではなく「野外調査」だ。名詞もまったく同じスペルで「調査」。ただし、名詞では前にアクセントがくる。

418

surrender
[səréndə*r*]

降伏する

まいりました、という意味。受験には「降伏する」で十分。ほかにまぎらわしい語がないので、文中での意味はとりやすい。似たような意味として give in という熟語で表すこともできる。

419

whisper
[(h)wíspə(r)]

ささやく

語頭が読みづらいかもしれないが、「ウィスパー」と読む。小声で話すというところから「うわさ（話をする）」という意味で使うこともある。頭の片隅に入れておこう。

420

seek
[síːk]

捜す

ほかの英語に置きかえよ、という問題で出されることがある。「～をたずね求める」を意味する look for ～ が正解だから、一対で覚えてしまうといい。look for ～ には「期待する」という意味があるが、seek は「捜す」だけだ。

421

operate
[ápərèit]

作動する

辞書を見ると、たくさんの訳がのっているが、「作動する」と覚えておきたい。事務機器などを動かす人をオペレーターというが、これも「作動させる人」ということ。「作動する」と覚えておけば、こなれた訳は楽にできる。

422

sustain
[səstéin]

維持する

「維持する」という同義語としては、hold や keep「続ける」がある。「維持する」のが家族なら、sustain a family で「家計を支える」。「支える」となると support が出てくる。他に「受ける」の意味もあり、sustain damage は「被害を被る」になる。

423

pursue
[pərsúː]

追跡する

　発音に注意。「パスー」の後ろの「スー」にアクセントがつく。「追跡する」と訳す。ただし、警察が追跡する、狩りで追跡するというときなら追跡でいいが、学問や快楽の場合は、「追求する」と工夫すること。

424

transport
[trænspɔ́ːrt]

輸送する

　port は、それだけで「港」という意味である。trans には「変える」という意味があるから、この二つを合わせると"港を変える"つまり港から港へ品物を輸送するという意味になる。つまり「輸送する」になるわけだ。

425

cure
[kjúər]

治療する

　つづりも care に似ているし、意味も近い。しかし care が「配慮」「心配」で使われがちなのに対し、cure は一歩進んで「治療する」。つまり、病院に行かないよう配慮するのが「ケア」で、病院に行くと「キュア」だと覚えるといい。

426

emphasize
[émfəsàiz]

強調する

「強調する」の意味でわかるように、この語が出てきたら何らかの主張、意図があるはずだ。この語はまず、そうした文脈をとらえるときに生かしたい単語だ。名詞は emphasis「強調」。こちらも重要語だからいっしょに覚えたい。

427
withdraw
[wiðdrɔ́:]

引っ込める

「引く」の意味で withdraw my hand「手を引っ込める」。他に「退く」の意味もあり、He withdraw the police from the school「警官隊を学校から撤退させた」。同義語に take back「撤回する」、recall「回収する」。

428
vanish
[vǽniʃ]

消える

banish「bǽniʃ」(追放する)とカン違いしないこと。vanish from sight「視界から消える」だが、同じ意味の disappear よりも「突然」性がある。The money vanished「金が突然消え失せた」となる。

429
grasp
[grǽ(:)sp]

つかむ

「グラスプ」は、音の響きが、物を「つかむ」ときの音のイメージに近いので覚えやすい単語だ。「グラースプ」と言いながら物を「つかむ」動作を何度かやると、自然に雰囲気がつかめて覚えられる。一度試してみてほしい。

430
guarantee
[gæ̀rəntí:]

保証する

タレントなどの出演料のことをいう"ギャラ"は、この「ギャランティ」の略語で、本来は、出演者への保証料という意味だ。ギャランティは、発音もつづりも珍しい単語だし、"ギャラ"も手がかりにできるので覚えやすいはずだ。

合格するための辞書の使い方

①辞書は、単語を覚えるために引くのではない。一章で述べたように、あくまで文脈や構文から自分で推測した単語の意味が、合っていたかどうか"確認"するために引くこと。

②一度引いた単語は辞書に下線を引くといい。単語だけに限らず、そのとき使った訳語や用法、熟語などにも引く。二回めからは、色やペンの種類を変えるようにすると、辞書を引いた回数から、自分の苦手な単語や、重要な単語が何かがわかる。

③たまに、辞書を学校用、自宅用と分けて使う人がいるが、これはやめる。②を効果的にするためには、使う辞書は一冊に決めて、それを使い込むこと。

④辞書を引く習慣のない人は、ついおっくうがって、わからない単語は解答などを見るだけですませてしまいがちだが、これは絶対にやめる。今日からでも辞書を引く習慣をつけておくように。

⑤alternative「二者択一の」のように、英和辞典で訳語を見ても意味のつかみにくい単語がある。このときは、一度英英辞典を引いてみるといい。英語の説明文のほうが、意味がわかりやすいことがある。

⑥和英辞典には、あまり頼らないこと。英作文でわからない言葉があっても、自分の知っている単語だけで言いかえることができなければ、本番で役立つ英語力はつかない。

4章

これだけは覚えておきたい

形容詞・副詞 170語

　主語・述語がわかれば、もう文の構造は取れる。あとは形容詞・副詞を覚えて、文の細かいニュアンスを読めばいい。また、前置詞・接続詞はこれまでの単語集では無視しがちだったが、これらを取り違えると、文章全体を誤訳する恐れが強いのであえて載せた。軽視しないでほしい。

431

acid
[ǽsid]

酸の

「酸っぱい」という意味もあるが、入試では acid rain（酸性雨）のように、物質としての「酸」の意味で使われることがほとんどだ。もちろん名詞でそのまま「酸」を表すこともできる。

432

exact
[igzǽkt]

正確な

まさに厳密に「正確な」という感じで把握すること。Tell me the exact number of today's guests.「今日のお客の正確な人数を数えてくれ」。副詞の exactly 「正確に」も頻出する。ただ ly がつくだけなのでまとめて覚えておくこと。

433

calm
[kά:m]

穏やかな

発音に注意。keep calm「冷静でいる」。同義語として mild と gentle を覚えておこう。反意語の storm「嵐」から stormy「激しい」も。動詞として使うと calm down「平静になる」calm oneself「気を落ち着かせる」。

434

available
[əvéiləbl]

利用できる

下線部訳などに頻出する重要語。物が主語のときには、「利用できる」という訳で問題ないが、人が主語のときにはこれだけ覚えていたのでは訳せない。「（スケジュールなど）手があいている」という訳も知っておけば完璧。

435

certain
[sə́:rtn]

ある、確かな

2種類の意味になる語。a certain person のように名詞を形容していれば「ある〜」という意味に、It is certain that … のように補語として使われると、「確かな」の意味になる。どちらも頻繁に使われるので覚えておく。

436

aggressive
[əgrésiv]

攻撃的な

外にエネルギーが放出されているような様子・性格を表している。他にも「活動的な・精力的な」という意味もあり、いずれもエネルギッシュなイメージで覚えておこう。

437

individual
[indəvídju(dʒu)əl]

個々の

「個々の」という形容詞で ly をつけると individually「個々に」という副詞になる。ここではごくあたりまえだが、individual だけで名詞「個人」という意味も知らないと、下線部訳で頻繁に問題になるので失敗する。重要単語。

438

exhausted
[igzɔ́:stəd]

疲れ切った

tired よりもさらに「へとへとに疲れた」状態を表す。似たような語では fatigued（191）の fatigue の過去分詞）があり、やはり長文内の言い換え問題で出題される。

439

major
[méidʒər]

多数の

　反対語の minor 「少数の」と一緒に覚えておこう。どちらもよくでてくる言葉だ。また、二つの言葉の名詞形 majority「多数」、minority「少数」も同時に覚えておくと、一石四鳥で語いもふえ、文章も読みやすくなる。

440

equal
[íːkwəl]

等しい

　数学で出てくる「＝（イコール）」でわかるように意味は「等しい」。発音は「イークワル」。重要なのは be equal to 〜「〜に匹敵する」。場合によっては「〜に（力量、資格が）耐えられる」のほうが意味がはっきりすることもある。

441

aware
[əwέər]

知って（いる）

　be aware of 〜「〜を知っている」という熟語で超頻出するから、しっかり覚えておくこと。aware には「気がついて（いる）」という意味もあり、下線部訳ではこちらのニュアンスを出す方がよいことも多い。

442

comfortable
[kʌ́mfərtəbl]

快適な

　意味を覚えることが最優先だが、意外にひっかかるのが発音の問題だ。「カムファタブル」とアクセントが、頭にあるところがミソだ。a comfortable room「快適な部屋」と2、3回くりかえせば意味も発音もマスターできる。

443
complete
[kəmplíːt]

完全な

「完全な」と覚えておくと応用がきく。complete works は「完全な works（作品集）」つまり「全集」。全く同じ形で動詞「完成する」としても使われる。Our works are almost completed. で、「我々の仕事はほとんど完成している」

444
precise
[prisáis]

正確な

pre - のつく他の単語と間違えやすく、下線部訳や発音問題などによく出る。何度も書きながら発音し、正確に覚えたい。アクセントはサにある。意味は「（極めて）正確な」で、exact よりさらに強いニュアンスがある。

445
worth
[wə́ːrθ]

価値のある

文法、解釈等に頻出し、試験では絶対におとせない超重要語。形容詞はなんと目的語をとる。A is worth ～ ing = It is worth while ～ ing A.「A は～する価値がある」。It is worth while to ～ も同じ意味で、絶対に忘れてはいけない。

446
novel
[nɔ́(á)vəl]

新奇な

中学生なら novel は「小説」と訳せば問題ないが、大学入試では「新奇な」という形容詞として出てくることのほうが多いくらいだ。冠詞の a がついているか、複数形になっていないかなどに注意して、品詞を見極めてから訳そう。

447

extinct
[ikstín(k)t]

絶滅した

「すでになくなった」状態を示すので、「絶滅」以外にも「（技術等が）すたれた」や「消滅した」等の訳語がある。いずれのイメージにも共通点があるので、覚えやすいはずだ。

448

fluent
[flúːənt]

流暢な

「スラスラと話せる」状態を示している。この語自体に問題はないはずだが、毎年混同が見られる単語がある。frequent は「頻繁な」である。それぞれ発音も確認しておこう。

449

apparent
[əpǽrənt]

明らかな

動詞 appear「現われる」「見える」から派生した形容詞だが、スペルに要注意。副詞 apparently とともに超頻出語。apparently は、その文全体にかかる（文修飾になる）ことが多いので、「一見すると～である」と訳すとよい。

450

severe
[sivíər]

厳しい

間違いを許さない厳しい人のことを、「シビアな人だ」という時のあのシビアだ。人だけでなく、a severe examination「厳しい試験」のように幅広く使われる。シビアで十分通じる語になっているが、答案は「厳しい」と書こう。

451

adequate
[ǽdikwət]

十分な

「アディクワト」と発音する。意味もだいじだが、発音問題によく出るので、何度も発音してみて、耳になじませておいたほうがよい。スペルだけみると「アドクエイト」と発音したくなるから、正確に覚えるようにしたい。

452

immediate
[imí:diət]

即座の

この語の派生である副詞 immediately（すぐに）と合わせ覚えておこう。副詞の場合は at once や right now といった表現との書き換えが可能である。言い換え問題で頻出なのでまとめて覚えておこう。

453

independent
[ìndipéndənt]

独立した

depend「頼る」に打ち消しの in が頭についた単語だ。depend しないから、「独立の」という意味になる。よく穴埋めで出るのが、independent のあとの前置詞を求めるもの。ここには on でなく、分離の of がはいる。

454

grateful
[gréitfl]

感謝する

greatful と書かないように注意！ また、使い方は be grateful to A for B で「A に対して B のことで感謝する」となる。apologize（248）と同様に前置詞と語順に注意しよう。

455

previous
[príːviəs]

まえの
「まえ」といっても、空間的な前ではなく、時間的な「まえ」を示す。
previous to 〜 は before 〜 と同じ。
today に対して yesterday があるように、the day に対し the previous day といういい方もよく使われるので、知っておくこと。

456

silly
[síli]

ばかげた
入試では、発音が問われることが多い。「シリ」ではなく「スィリ」だから気をつけること。ローマ字読みをして「シリ」と言っているようでは、尻（シリ）になってしまい本当にバカげたことになりかねない。

457

patient
[péiʃənt]

忍耐強い
反意語の impatient「短気な」と混同しやすいので、いっしょに覚えておきたい。とくに長文では、人物描写でこれをとり違えると、意味が正反対になる。はじめに patient を覚えれば、あとは否定の im なので覚えやすいだろう。

458

vast
[vɑː(æ)st]

広大な
「バースト」と発音しながら、両手を大きく広げ、広大な土地や広々とした海をイメージしてみよう。「広大な」と訳すこの単語は、当然のことだが、大海原、大平原などの描写によく使われるのだ。

459

strict
[stríkt]

厳密な

「厳しい(家庭)」「(法律を)厳しく(守る)」「(数字の間違いを)厳しく(チェック)」というように、いろいろな場面に出てくる。また、副詞の strictly も、strictly speaking「厳密にいえば」は知っておくと英作の時にも使えるので便利。

460

irrelevant
[irélǝvǝnt]

無関係な

ir(否定)+ relevant(関係がある)で成り立っている。be irrelevant to ～で「～とは無関係だ」という表現が可能で、have nothing to do with ～との書き換え問題が出題されたことがある。

461

convenient
[kǝnví:njǝnt]

便利な

"コンビニエンスストア"は、文字どおり「便利な店」だ。入試では convenient と形容詞でよく出るのでこちらを覚えておく。「都合のよい」という意味もあるが、人は主語にならないことを知っておくと正誤問題でひっかからない。

462

sufficient
[sǝfíʃǝnt]

十分な

発音もスペルもこれといった特徴がなくて、覚えにくい単語の代表選手だ。訳も漠然としてとらえどころがないが、覚えてさえおけば、文中で「十分な」とするだけでちゃんと意味の通じるありがたい単語である。

463

entire
[intáiər]

完全な

「インタイア」と発音する。そこで、完全に丸いタイヤをイメージしながら、インタイヤと何回か発音すれば覚えられるだろう。また、副詞形の entirely も ly がつくだけだから、いっしょに覚えておいて損はない重要な単語だ。

464

rare
[réər]

まれな

rare は「まれな」という意味でステーキのレア（生焼け）と同じスペルだが混同しないこと。-ly がつくと副詞 rarely「めったに〜ない」になり、否定の訳が必要になる。「めったに…しない」（＝ seldom）という訳とあわせて覚える。

465

various
[véə(é:)riəs]

様々の

「様々の」という意味なのだから、あとにくる名詞は当然複数形になる。英作文や穴埋めでミスしないように注意したい。名詞形は variety（多様性）でテレビのバラエティ番組というのは、さまざまなコーナーがある番組ということだ。

466

proper
[prápər]

適当な

じつによく出てきて、下線部訳にも頻繁に登場する、要注意形容詞。適当といっても、「適切な、ふさわしい」という意味で、けっして、いい加減な、という意味はないから、変に訳をこね回さないように。

467

naive
[nɑːíːv]

世間知らずの

日本語の「ナイーブ」は「繊細」という意味で使われるが、元の英単語は否定的な意味合いで使われることが多い。「だまされやすい」とか「甘い」といったニュアンスでも使われるのだ。

468

recent
[ríːsnt]

最近の

recent「最近の」は文中では時間をつかむための最重要語の一つ。別の語では late でも言いかえられる。ly をつければ副詞 recently「最近」(= lately)になり、こちらも非常に大事。完了時制にも用いられるのを知っておくと役立つ。

469

precious
[préʃəs]

貴重な

この「貴重な」というのは、高価で、誰が見ても尊いものというときに使われることが多い。だから、precious stone といえば、ただの珍しい石ころではなく、「宝石」のこと。precise「正確な」と見誤りやすいので注意が必要。

470

slight
[sláit]

わずかな

「わずかな」の程度にもいろいろあるが、これは「ほんとうに、ほんのわずか」という意味。だから否定文になると「少しも(…ない)」と訳すといい。副詞 slightly「わずかに」もよく出る単語なので、まとめて覚えておくこと。

471

evident
[évədənt]

明白な

　英文中に出てきたとき、「明白な」と訳して終わりにしてはいけない。どういう理由で何が明らかなのか、納得できるまで考えてみる。このクセをつけておくと、文意がつかみやすくなるだけでなく、入試でかならず役立つ。

472

general
[dʒénərəl]

一般の

　この語は、漢字の「般」を目に焼きつけて覚えておくといい。「一般の」「全般的な」など文脈によっていろいろな訳し方になるが「般」がつくことが多い。in general 「一般的には」も頻出熟語なのでいっしょに覚えたい。

473

serious
[síə(íː)riəs]

まじめな

　お笑いでなく、まじめなドラマをシリアスドラマというので、覚えるのは簡単なはず。「まじめな」が基本だが、serious damage のように、そこから発展して「重大な」と訳したほうがいいことがあることも要注意。

474

eager
[íːgər]

熱望して

　この単語が入試で問われるのは、主として熟語問題である。be eager to ～ で、「～したい」という意味になる。これは、中学時代からおなじみの want to ～ をさらに強めたものだと思っておけばいい。

475

conscious
[kánʃəs]

意識している

「意識している」だけでなく、「意識がある」とか「意識的な」という意味もある。ただ重要なのは、be conscious of ～「～に気づく」で、be aware of ～とともによく出題されるので、覚えておくこと。

476

mutual
[mjú:tʃuəl]

相互の

副詞 mutually「お互いに」とセットで覚えたい。mutual にしても mutually にしても「互い」ということはどこかに2つ以上のものがあるはず。そこに着目して文章を読むくせをつけておかないと、訳す時に意味が通らなくなる。

477

regular
[régjulər]

規則的な

レギュラー選手というように「正式な」という意味もあるが、試験では「規則的な」の方がはるかに重要。反意語 irregular「不規則な」も覚えておく。前に ir がつく特殊な例だが、野球のイレギュラーバウンドでもおなじみの語。

478

current
[kə́:rənt]

現在の

同じ意味の単語に present、現在起きている出来事は current events「時事問題」。名詞として使われると、go current「流行する」、Japan Current は「日本海流」となる。派生語として currency は「通貨」。

479

significant
[signífikənt]

重要な

　下線部訳にも出てくるし、内容を把握するにしても、この単語がわからないとポイントを落としてしまう。この単語の頭には sign がついているが、これを手掛かりに"印をつけておくほど「重要な」"と覚えておくことだ。

480

optimistic
[òpitmístik]

楽観的な

　言い換えると positive である。ということは対義語の「悲観的（否定的）な」は negative であり、optimistic と対比させると pessimistic とである。プラスマイナスの判断ができる単語は優先的に覚えよう。

481

accurate
[ǽkjurit]

正確な

　発音、アクセント問題にしばしば登場する。「アキュレイト」などと、堂々と発音する人がいるが、正しくは「アキュリット」。アのアクセント、リットの発音とも、よく問われるので、発音練習を繰り返して覚えておく。

482

ordinary
[ɔ́:rdənèri]

普通の

　「オーディネリ」という発音の響きから original「（一番）最初の」と混同しないように。この単語は、まず order から連想すべき。反意語の extraordinary「異常な」も、受験では忘れてはならない重要語である。

483

extreme
[ikstríːm]

極端な

　very よりさらに極端、極度という感じ。ときには「過激な」の訳が適当なこともある。-ly がつくと副詞 extremely「極端に」になり、これも頻出。こちらはほかに「大変に」(very)という単なる強意もあるので注意したい。

484

conservative
[kənsə́ːrvətiv]

保守的な

　conservative を辞書で引くと、消極的な、保存力のある、保守的な、ひかえめな、などといろいろ書かれている。しかしいずれも「保守的な」で覚えておけば、前後から適当な訳は見えてくる。まずはこれをマスター。

485

legal
[líːgəl]

法律の

　legal trade「合法の取引」など難しい言い回しでよく出る語だ。legal 〜と出てきて、しかもそれが正確に訳せなくても、そのときは何か法律に関する用語だと思っておけばいい。それだけでも内容はぐっとつかみやすくなる。

486

financial
[fai(fi)nǽnʃəl]

財政の

　○○ファイナンスなど名詞形 finance「財政」は日本でもおなじみ。ただし意味は財政だけにとどまらず、広く金融全般に使われる。名詞のファイナンスで覚えていると、ヒアリングでの「フィナンシャル」の発音にとまどいがち。

487

remarkable
[rimáərkəbl]

注目すべき

re は「再び」、mark は「印をつける」、able は「できる」だから、"もう一度印をつけるくらいに注意できる"つまり、「注目すべき」という意味になる。一度ここまでやっておけば、意味を忘れても思い出せる。

488

obvious
[ɔ́(á)bviəs]

明らかな

誰が見ても疑問の余地のない、明々白々なときに使う。大事なのが It is obvious that … 「…ということは明らかだ」の構文。一語で置き換えると obviously …. となる。副詞 obviously も重要なのでしっかり記憶を。

489

innocent
[ínəsnt]

罪のない

「罪のない」から発展して、「汚れのない」「無邪気な」という意味が出てくる。まず「罪のない」を覚えれば、文脈によって訳し分けができるので最優先。guilty「罪のある」の反意語であることがわかれば、もはや完璧だ。

490

solid
[sɔ́(á)lid]

固い/固体

solid「固体」、liquid「液体」、gas「気体」から solid を「固い」とだけ覚えていると足元をすくわれる。実際は、solid bank というように使われることが多い。このときは「堅実な銀行」と訳す。文脈によって柔軟に訳出は変えよう。

491

fundamental
[fʌ̀ndəméntl]

基本的な

　この単語が出てくるような文章は、内容も理屈っぽくなじみにくいことも多い。落ち着いて文意をたどることだ。fundamental には「基本的な」から発展して「重要な」という意味もある。知っていると訳しやすくなることも多い。

492

incredible
[inkrédəbl]

信じられない

　同義語としては、よく耳にするアンビリーバブル（信じがたい）unbelievable と反対語 believable は覚えやすい。incredible のほうは派生語の credit クレジット（信用）からin（不）＋credible（信用できる）と覚えるといい。

493

abstract
[ǽbstrækt]

抽象的な

　抽象的という日本語自体わかりにくいが、和訳問題ではとにかく「抽象的な」と書いておけば正解になる。ただし、漢字を間違いやすいので注意。"注象""油象"などとすると、取れる点も取れなくなる。

494

brief
[brí:f]

短い

　「ブリーフ」といえば、ピチッとしたパンツのことで日本語になってしまった。注意すべきは in brief「要するに」という熟語。これが文章全体の要となっていることもある。穴埋めでも出るので、絶対マスターすべき重要熟語だ。

495

opposite
[ɔ́(á)pəzit]

反対の

アクセント問題で頻出する。頭の o にアクセントがあるので「オ」に力を入れて、何度も発音して覚えておくこと。opposite to ～「～とは反対の」の用法は穴埋め問題でよく出る。to が来ることを肝に銘じておこう。

496

rapid
[rǽpid]

急速な

この単語は、とにかくスピード感を覚えてしまうこと。岩場の急流を a rapid stream「急な流れ」というが、急流をイメージするといい。そうすると rapid progress「急速な進歩」というときの速さも感じとれる。

497

passive
[pǽsiv]

受動的な

消極的であったり自ら動かない様子を表す語で、英文法の「受動態」もこの語で表す。対義語は active で、「能動的・自発的・積極的」等の意味を表している。

498

trivial
[tríviəl]

ささいな

文中で trivial ～ と出てきたら「ささいな～」と訳せばいいが、ささいなというからには、どこかに大事なことが書いてあるはず。この語が出てきたら、"大事なのは何か"と考えるのが読解力を深めるコツだ。

499

enormous
[inɔ́ərməs]

巨大な

とにかく並はずれて「巨大な」という意味を表したいときに使われる単語。ジャイアント馬場の顔を思い浮かべながら、彼の口振りを真似して「イノーマス」と言ってみるとイメージも湧くし、けっこう記憶に残る。

500

reluctant
[rilʌ́ktənt]

気が進まない

アクセントは「ラ」の部分にある。be reluctant to 〜で「〜するのが嫌だ・したがらない」という使い方をする。これは be unwilling to 〜でも同様の意味なので、やはり言い換え問題で出題される。

501

vital
[váitl]

生命の

vitality（生命力）、vitamin（ビタミン）など頭に vita とつく言葉は、"生命"に関係しているが、その根本がこの vital だ。ただ、内容が生命、生物に関係のないときは、「生命の」から発展させ、「極めて重要な」と訳すといい。

502

fatal
[féitl]

致命的な

"運命"を表す fate の形容詞形だが、不運というよりも、不幸であるというところから、「致命的な」という意味で使われることが多い。この語が使われたら、十中八九、何か望ましくないことだと思っていい。

503

sensitive
[sénsətiv]

敏感な

sense（感覚）が語源で、他にも「傷つきやすい・歓声が鋭い」等の意味がある。また、a sensitive issue（デリケートな問題）のように「慎重を要する」というような意味もある。

504

narrow
[nǽrou]

狭い

「幅が狭い」という意味合いで使われることが多い。対義語として「幅が広い」を表すのは wide である。こういった対義語はセットで覚えておこう。

505

radical
[rǽdikəl]

急進的な

人に対する評価や、思想について語る文章中によく出てくる。日本語でも耳にすることがあるはず。ただし、日本語では「ラジカル」だが英語では「ラディカル」と発音するので、要チェック。反意語は conservative（保守的な）。

506

rational
[rǽʃənəl]

合理的な

この単語は、論文めいた固い内容の文章に出てくる。なじみがないので、たまにこの語が出てきても、見なれた national の誤植だろうと勝手に思い込んで訳す人がいる。そうならないよう、この語も頭のスミに入れておくこと。

507

generous
[dʒénərəs]

寛容な

"a generous old man"などと、よく人の形容に使われる単語だ。小説文などでこの語が出てきたら、その人はいつも笑顔をたやさず気前のいい人だと思っていい。登場人物の性格やイメージをつかむのに訳に立つ形容詞である。

508

earnest
[ə́ːrnist]

熱心な

earnest というつづりを見て、earn の最上級と勘違いする人がいる。しかし、earn「儲ける」は動詞なので、est がついても最上級になるはずがなく、この二つはまったく無関係な単語。earnest は「熱心な」である。

509

external
[ekstə́ːrnl]

外部の

反意語は、ex を in に置き換えた internal「内部の」である。ex が外を表わし、in が内を表わす接頭語であることを知っていれば、どちらかひとつ覚えただけで、反意語まで覚えられる便利な単語のひとつである。

510

domestic
[dəméstik]

自国の

入試で国際比較を扱った文章は多い。このときよく出るのがこの語なので、しっかりチェックしておきたい。反意語の foreign「外国の」とともに覚えておく。また、日常的な話の中だと「家庭の」と訳されることもある。

511

prime
[práim]

第一の

　Prime Minister 「総理大臣」は、入試でもよく出る言葉。また「第一の」から進んで「主要な」という意味もある。似た言葉に primary 「初めの」があるが、入試では、 primary school 「小学校」という形で出ることが多い。

512

moderate
[mɔ́(á)dərət]

適度の

　音楽用語にモデラートというのがあるが、「中ぐらいの速さで」という意味だ。一度、音楽にくわしい友人に、モデラートの指定のある曲を聞かせてもらい、「適度の」というイメージをつかもう。正しい発音は「モダリット」。

513

inevitable
[inévətəbl]

避けられない

　Death is inevitable. 「死は避けられない」のように、当然起こること。免れない行く末などに使われる。発音がちょっとむずかしいが、「イネヴァタブル」と何度かスペルを一つ一つ確かめて発音すれば頭にはいる。

514

intimate
[íntəmət]

親密な

　be intimate with ～ 「～と親密である」とよく使われる。 be familiar with ～ も似た意味だが、こちらは肉体関係があるくらい親密。スペルから、1"インチ"の距離の、仲のよい友人（mate）と考えると、けっこう覚えやすい。

515

primitive
[prímətiv]

原始的な

「原始的な」というと、野蛮な感じもあるが、"ものの始まり"というふうに考えるのが正しい。civilized「文明化した」の反対語として覚えておくとイメージしやすい。こうすれば訳すときも訳しやすいことが多い。

516

rude
[rúːd]

無作法な

a rude man など、この語が人につくと、要するに「失礼なヤツ」ということになるが a rude chair のように物についたら、それは「粗末なイス」になるから注意。polite「礼儀正しい、上品な」(554)の正反対の言葉である。

517

prominent
[prämənənt]

目立つ

地学で太陽の紅炎をプロミネンスと呼ぶが、これはこの単語の名詞形である prominence から派生している。~ent で終わる形容詞は ~ence にすると名詞になるのだ。

518

modest
[mɔ́(á)dəst]

ひかえめな

いい意味でのおとなしさ、謙虚さを表わす語。女性についた場合なら「しとやかな」とか「上品な」という訳をあてはめてもよい。物につけば「ささやかな」。名詞形の modesty は「謙虚」と覚えておくと、訳しやすいことが多い。

519

punctual
[pʌ́ŋktʃuəl]

時間に正確な

　He is punctual.「彼は時間に正確だ」のように使われるが、一つの言葉で表わそうとすると日本語に該当する単語がない。こういう語は入試では英作によく出るので、意味だけでなくスペルもきちんと覚えたい。

520

nuclear
[n(j)úːkliər]

原子力の

　時事単語として発音とともに注意しよう。nuclear weapon「核兵器」の恐怖が nuclear power plant「原子力発電所」の事故により現実となった。今後の nuclear energy「原子力エネルギー」をどうすべきか。放射能は radiation.

521

principal
[prínsəpəl]

主要な

　似たようなスペル・発音に principle がある。厄介だが、実際に単語を書いて練習することで区別しよう。

522

sophisticated
[sophístikèitid]

洗練された

　アクセントは「フィ」の部分にある。「教養がある」とか「知的である」といったニュアンスがあり、長文で出てきたら上品さを褒めていると思っておこう。

523

mature
[mətjúər(tʃúər)]

成熟した

　アマチュア（amateur）は、技術が成熟していない素人のこと。アマチュアからアがなくなり、マチュアになれば、「成熟した」ことになると覚えると覚えやすい。ただ"チュア"のつづりがamateur とちがう点には注意が必要だ。

524

artificial
[à:rtəfíʃəl]

人工の

　art がついているからといって、「芸術的な」と訳してはいけない。art とは本来、「人間がつくった」という意味がある。natural 「自然の」の反対語としておぼえるといい。人工芝から人工衛星まで、すべて artificial 〜 となるわけだ。

525

temporary
[témpərəri]

一時的な

　「テンポ」ではじまる単語は、この temporary のほかに、temper「気分」(173)、temperature「温度」(174)がある。どれも一時的な状態を表わす言葉だ。このことを知っておくと、これらの単語をド忘れしたときに便利。

526

curious
[kjúə(kjú:)riəs]

奇妙な

　辞書には「好奇心をそそる」という意味も出てくるが、受験英語では、「奇妙な」一本槍で十分だ。ただし、名詞形 curiosity になると逆になる。「奇妙さ」より「好奇心」で使われることが多くなるから要注意だ。

527 **ancient** [éinʃənt]	古代の 　an ancient civilization「古代文明」と、歴史の勉強をするときにいっしょに思い出したい。入試では、昔のことを題材にした出題も多いため、けっこう出てくる。反意語 modern「近代の」も同時に覚えておいて損はないだろう。
528 **military** [mílətèri]	軍事の 　軍や戦争関連の文に出てくるくらいだが、出てきた時に訳がわからないと致命的。この単語は、何を扱った文章か見分ける基本になってくるからである。湾岸戦争もあるから、今後国際関係を扱った長文問題が出されるだろう。
529 **odd** [ɔ́(ɑ́)d]	奇妙な 　「奇妙な」の「奇」という部分にとくに注目して覚えるようにしたい。というのも、odd は、ときおり an odd number「奇数」、odd-numbered month「奇数月」などというように、奇数の意味で出てくることがあるからだ。
530 **private** [práivət]	個人の 　「社会の、公的な」に対して「個人の、私的な」という意味。日本語でもよく使う言葉で、意味もほとんど同じだから覚えるのは簡単。ただ、発音が日本語の場合とまったく異なる。「プライヴァット」が正しい発音だ。

531

abundant
[əbʌ́ndənt]

豊富な

abandon（捨てる）(277) と間違いやすい。末尾の t に気をつけて、「アバンダント」ときちんと発音しながら覚えると、区別できるようになる。名詞形が abundance「豊富さ」であることも知っておくといいだろう。

532

deaf
[déf]

耳が聞こえない

物語文や会話文などで、意味を知らないと文章の流れがつかめない。blind「目が見えない」とセットで覚えておこう。

533

remote
[rimóut]

離れた

テレビやオーディオなどでよく使う「リモコン」はリモウト・コントロール（remote control）の略だ。つまり、「離れて」操作することだ。発音やスペルも特にむずかしくないしリモコンをイメージすれば意味も覚えやすいはず。

534

selfish
[sélfiʃ]

利己的な

この単語を理解するコツは、二つに分けて考えることだ。self と ish で考えればいい。self は myself の self「～自身」、ish は形容詞を表す言葉で、「自分自身的な」すなわち「利己的な」となる。sel + fish（魚）ではけっしてない。

535

contemporary
[kəntémpərèri]

同時代の

　コンテンポラリー・ミュージックといえば現代音楽だが、ただ「現代の」とだけ覚えていてもだめ。昔の話で出てきたら「同時代の」とか「当時の」と訳すこと。たとえ「現代の」であっても、それは「今と同時代」と考えるべき。

536

ambitious
[æmbíʃəs]

野心のある

　「野心のある」で文章の意味はとれても、訳しづらいときがけっこうある。棒暗記で訳すのではなく、すこし意味に幅を持たせて訳したい単語だ。クラーク博士の名言　Boys, be ambitious.「少年よ、大志を抱け」がその典型だ。

537

practical
[prǽktikəl]

実用的な

　practice　は、教科書や参考書に「練習（問題）」としてよく出てくるので知っているだろう。その形容詞がこれ。何度も何度も練習することが、実際の試験でも役に立つわけだが、これから連想して、「実用的な」と覚えるといい。

538

critical
[krítikl]

批評の、ひじょうに重要な

　「批評の」という意味は知っていても、「ひじょうに重要な」という意味を知らずに、間違えるケースが多い。試験でもそこを試す問題がよくある。たとえばThis point is critical. は、「この点はひじょうに重要だ」という意味。

539

polite
[pəláit]

礼儀正しい

policy「政策」や political「政治的
な」など政治に関係ある語と誤解しや
すいから注意。polite「礼儀正しい」、
politely「礼儀正しく」、politeness
「礼儀正しさ」と三つまとめて、覚えて
おくこと。長文の人物描写に使われ
る。

540

complex
[kɑmpléks]

複雑な

日本語では「劣等感(コンプレック
ス)」という意味でよく使われる。英語
でもその意味はあるが、入試では、
「複雑な」という意味で使われる場合
がほとんどだ。きちんと覚えておかな
いと、意味をまったくとり違えてしまう。

541

physical
[fízikəl]

肉体的な

physical beauty「肉体美」physical
exercise「体操」などは、「肉体的な」
という意味がわからなければ、まったく
見当がつかない。しかも、この単語は
頻出するので、しっかり覚えること。科
学的な内容では「物理的」と訳す。

542

horrible
[hɔ́(ɔ́:)rəbl]

恐ろしい

「ホラー映画」のホラー(horror)は「恐
怖」という名詞。その形容詞形がこの
horrible だ。「恐ろしい」が基本だが、
horrible weather などと出てきたら
「ひどい天気」くらいにしておくのが無
難。発音も「ホーラブル」なので注意。

543

efficient
[ifíʃənt]

能率的な

　sufficient「十分な」（462）と混同しやすいので気をつける。efficient のもともとの意味は、effect「効果」（12）からきている。「効果的な」から、「効率的な」に意味が広がったのだ。このことを頭に入れ、間違えないようにしよう。

544

thorough
[θə́:rou]

徹底的な

　読み方に注意が必要で、「サーロウ」というような発音だ。似たようなスペルに through（〜を通って）があるが、ことらは「スルー」である。o が1文字あるかないかの違いで読み方も意味も変わるので注意しよう。

545

plain
[pléin]

明白な

　下線部訳問題などによく出てくる。「明白な」という意味だが、一歩進んで「平易な」となることもある。たとえば、plain English は、「（誰にでも通じる）明白な英語」でも通じるが、できれば「やさしい英語」と訳したい。

546

tiny
[táini]

ちっぽけな

　small も小さなものを表すが、tiny は虫ケラのように小さいというニュアンスがある。筆者の親しみが込められることもよくあるので、a tiny little boy なら、「小さな少年」ではなく、「ちっちゃな坊や」と考えるといい。

547

complicated
[kɔ́(á)mpləkeitid]

複雑な

complicate「複雑にする」を覚えがちだが、じつは受動態で、形容詞として使われることがほとんど。しかも受身の形だからと"複雑にされた"と訳しても意味は通らない。complicated「複雑な」と覚えておいたほうがいい。

548

medium
[míːdiəm]

中ぐらいの

ステーキの焼き具合で「ミディアム」というと、これは生焼けでも焼き過ぎでもない「中ぐらいの」焼き方という意味だ。「媒介」と名詞でも使われ、これも大切だが、"中間にいて何かと何かをつなぐもの"と考えれば覚えやすい。

549

alien
[éiljən]

外国（人）の

「エイリアン」という映画があったが、alien を見て、すぐ宇宙を連想してはいけない。もともとの意味は「異国の」。そこから進んで「宇宙の」という意味が出てくるのだ。自分と異なる世界と考えるといい。

550

stable
[stéibl]

安定した

けっしてこれが語源ということではないが、stay + able と考え、留まる＋できる＝留まることができる＝安定した、と覚えると便利だ。ただし、スペルを stayble と書いてしまわないように注意。ほんとうの語源は stand + able 。

551

peculiar
[pikjúːljər]

独特な

peculiar to ～「～に独特な」の to が穴埋め部分にされるから、セットで覚えておきたい。また、「独特な」でおおかたは訳せるが、文脈によって「いっぷう変わった」と訳したほうがすっきりいくこともある。

552

bare
[béər]

裸の

発音は同じだが「ベア」といっても熊（bear）ではない。また、裸イコール"服を着ていない"という意味だけではないので気をつけたい。She showed me a bare fact. は、「彼女はありのままの真実を私に明かした」という訳になる。

553

subtle
[sʌ́tl]

微妙な

この単語は、発音が要注意だ。「サブトル」などというと、大笑いされる。正確な発音は「サトル」で、b は発音されない。覚えにくかったら、「"微妙な" b に注意しなければいけない"サトル"」と覚えると意味も発音も忘れない。

554

political
[pəlítikəl]

政治の

入試には政治がらみの文章はよく出てくるが、重要な単語はそれほど多くないから一度にまとめてマスターするといい。重要なのは、political のほか politician「政治家」、policy「政策」、politics「政治」の四つ。

形容詞

555

empty
[émpti]

からの

モノが「からに」になるだけでなく、人やコトにも使われるので、そのときは何が"から"なのか把握すると訳語も思いつく。たとえば、 an empty dream は「むなしい夢」という具合。反意語 full「十分な」も覚えておきたい。

556

typical
[típikl]

典型的な

type（型）が語源で、「ある特定の型（種類）のものを代表している」から「典型的」という訳語が出る。そこから「普通の」という意味も生まれ、会話文では「よくあることだ」という意味で使われることもある。

557

permanent
[pə́:rmənənt]

永続する

髪のパーマは、この「パーマネント」の略語だ。パーマを当てることで、ヘアスタイルが定まり「永続する」というように考えれば、意味を覚えることはやさしいはず。permanent peace「永続的な平和」というように使われる。

558

eternal
[itə́:rnl]

永遠の

一文字違いの external（外部の）(509)と取り違えやすい。慣れないと、x があると勝手に思い込んで、意味がわからない、うまく訳せないと悩んでしまうので、しっかり eternal「永遠の」と覚えて記憶を永続させること。

559

tolerable
[tɔ́(á)lərəbl]

耐えられる

tolerate（耐える）という動詞に able（できる）を足して「耐えられる」という意味の形容詞になっている。頭に in をつけると反意語 intolerable（耐えられない）。こちらも結構出てくるから、セットで覚えよう。

560

vague
[véig]

漠然とした

"ヴァギュー"と発音したくなるが、これは間違い。「ヴェイグ」が正しい。人の気持ちや観念、考え方など、目に見えないものにもよく使われる。はっきりしないという意味で、vague answer は「あいまいな返事」と訳せばいい。

561

outstanding
[àutstǽndiŋ]

目立った

語尾の ing にまどわされ、outstand という動詞の現在進行形と勘違いしないことだ。outstand などという動詞はないのだ。out（外に）＋ standing（立っている）＝"外に立っている"、で「目立つ」になったと考えると、覚えやすい。

562

huge
[hjúːdʒ]

巨大な

large, big を超える「巨大な」の単語群のひとつ。huge, vast（458）, enormous（499）, tremendous はすべて「巨大な」と訳せる。四ついっしょに覚えよう。a huge stone, a huge building というように使われる。とにかく大きいことをいう。

563

excellent
[éksələnt]

優秀な

　アメリカの成績表では、good を五段階評価の4だとするなら、excellentは、さらに上の5である。英文でこの語が使われていたら、これ以上ないぐらい、最高にほめているのだと思って間違いない。

564

specific
[spisífik]

特定の

　アクセント問題に出やすいので、何度も発音してしっかり覚えたい。アクセントは「スピシフィク」。「特別な」という意味もあるので、special[spéʃl] と混同して、「ピ」にアクセントをおく誤りをしがちだ。

565

intense
[inténs]

強烈な

　「激しい」「熱烈な」と覚えるより、「強烈な」と覚えたほうが応用がきく。intense heat は "強烈な熱さ"＝「酷暑」。intense love は "強烈な愛"＝「熱愛」というように展開できる。そこまでできれば、訳も引きしまる。

566

extraordinary
[ikstrɔ́:rdənèri]

異常な・並外れた

　extra（〜の外の）＋ ordinary（普通の）なので、良くも悪くも「普通から外れている」ことを表す。様々な文脈で登場する。

567

ultimate
[ʌ́ltimit]

究極の

発音は「アルティミット」で、"アルティメイト"ではない。とくに最後の最後という意味で、「究極の」と訳す。ウルトラ(ultra)の ult がつくから、"超"つまり「究極」となる。ultimately「究極的には」という副詞も頻出。

568

numerous
[njúː(núː)mərəs]

無数の

number「数」や、innumerable「数えきれない」といった語と同様、num がついていることからわかるように、数を表す単語だ。意味は「無数の」、innumerable と意味的には同じだから、セットにして覚えてしまうといい。

569

marvel(l)ous
[máːrvələs]

おどろくべき

長文には、よく出てくる。英語にはオーバーな表現が多いのだが、その一例。文中に出てきたら"あえて marvelous を使うからには筆者の思い入れは強い"と考えて読む。それが話のポイントになることも多いのだ。

570

keen
[kíːn]

鋭い

「キーン」という発音どおりの音をたてる鋭いもの、たとえばキーンという金属音を残して、バットから鋭い打球が飛んでいく様子をイメージすると覚えられる。刃物などはもちろん、感覚などが鋭い、というときにも使われる。

571

valid
[vǽlid]

妥当な

「論拠・根拠に基づいている」という
ニュアンスなので、他にも「正当な・合
法の」のような訳がある。長文で出て
きたら、大まかにポジティブな意味と捉
えよう。

572

decent
[díːsnt]

まともな

たとえば decent education「きち
んとした教育」のように、「一般的にこ
れぐらいあれば十分だろう」という程
度を表す。de- がついているからとい
って否定的な意味と勘違いしないよう
に!

573

sacred
[séikrid]

神聖な

訳の通り宗教や文化を語る文章で
登場することがある。また、 sacrifice
「犠牲(元は神に対する生贄)」と語
頭のスペルが同じことから、sacri が
「神」と関連する意味だと分かる。

574

indifferent
[indífərənt]

無関心な

in + different なので「違くない」
と読めそうだが、全く意味が異なること
に注意しよう。特に be indifferent to
〜 で「〜に興味がない」というフレー
ズがよく出題される。

575

probably
[prábəbli]

たぶん

　下線部訳に、よく出てくる。文全体を修飾する副詞なので、「たぶん〜」という訳がわからなければ、この問題は0点にされても仕方ない。その意味でもひじょうに重要な単語だから、ぜったいに覚えること。

576

actually
[ǽktju(tʃu)əli]

現実に

　actually, と後ろにコンマがつくと、あとの文章全体を修飾する。このときは「実際には〜である」と訳すと意味が通じやすくなる。actually を同じ意味の in fact に書き換える問題はよく出る。同時に覚えておくといい。

577

nearly
[níərli]

ほとんど

　同じ「ほとんど」でもalmostは「達していない」状況に対して、nearly は「もう少しで達成する」状況を表わす。「もう6時になる」it is nearly six は6時にはなっていない。nearly escaped は「もう少しで（危うく）逃げる」の意味。

578

hardly
[háːdli]

ほとんど〜ない

　hardly のある下線部訳問題は、合否の分かれめともいえる要注意問題だ。肯定文で not がどこにもなくても、hardly で「ほとんど〜ない」と否定的な意味になる。同意語 scarcely もまったく同じ使い方で、出題頻度も高い。

579

frequently
[frí:kwəntli]

しばしば

中学で習った単語 often と同じ意味だから、英文中、わかりにくければ置き換えてかまわない。often の多用を避けるために、使われていることが多いからだ。それが身につけば、書き換え問題も恐れることはない。

580

seldom
[séldəm]

めったに〜（し）ない

She seldom eats meat「彼女はめったに肉を食べない」で回数を表わす。同じ使い方に rarely がある。肉の焼き方で rare「レア」というが「まれな」の意味もある。hardly は程度を表わすが ever がつくと回数を表わす。

581

merely
[míərli]

単に

意味は、only と同じだ。超頻出慣用句 not only 〜 but also …「〜だけでなく…の」の only が merely に書き換えられて登場することもあるが、only のときと同じだとさえ知っておけば慌てずにすむはずだ。

582

frankly
[frǽŋkli]

率直に

カタカナ英語で「フランク」と言うと「気さく」のように感じてしまうが、訳語の通り英語では若干ニュアンスが異なることに注意。frankly speaking「率直に言えば」も覚えておこう。

583
somewhat
[sámhwàt]

いくらか
　It is somewhat different「いくらか違う」、a somewhat exciting game「けっこう興奮した試合だ」の使い方をする。文中に出てきてもあわてることはない、語源の some（幾つか）＋ whatで覚えておけばいい。

584
relatively
[rélətivli]

比較的～だ
　It's relatively rare. と出てきたら、「それは比較的まれだ」と訳せばいい。この単語は、はっきりと「～だ」と断定できないときに、表現をやわらかくするために使う。訳のときには、断定的でないニュアンスが伝わればそれで十分だ。

585
meanwhile
[mí:nhwàil]

そのあいだに
　in the meanwhile「とかくするうちに」という形でしばしば出る。この熟語が出てきたら、前文はひと区切りついて場面が変わる、と知っておこう。同じ意味の熟語に in the meantime もあるので、セットで覚えておくと便利。

586
therefore
[ðéərfɔ̀ər]

それゆえに
　文頭にきて、前の文を受けることが多いが、「～である。それゆえに…」と接続詞的に訳すといい。 therefore以降は文の結論が集約されていることが多いから、要約や内容一致問題のヒントになる。後ろの文章をよく読むこと。

587

otherwise
[ʌ́ðərwàiz]

さもなければ

この単語が出てきたら、条件を捜すのがポイントだ。Work hard, otherwise you will fail. は「まじめに働け、さもなくば失敗する」と、条件がまえに出てくる。あらゆる問題で出てくるから、絶対にマスターしておく。

588

thick
[θík]

厚い・濃い

a thick book「分厚い本」のように「厚い」を表すこともあれば、thick fog「濃霧」のように「濃い」を表すこともある。文脈によって訳し分けよう。

589

awful
[ɔ́:fəl]

ひどい

Natto smells awful.「納豆はひどいにおいだ」のように、不快な意味で「ひどい」を表す語。ただ、日本語の「ヤバい」のように会話文で程度の高さを表すこともある。

590

deliberately
[dilíbərətli]

故意に

訳語の「故意」とは「わざと・意図的に」という意味だ。逆に「偶然に・たまたま」は accidentally や by accident というように表すことも知っておこう。

591

lately
[léitli]

最近

注意が必要な単語だ。late は「遅い・遅く」だが、lately にはそのような意味がない。また、同様の意味を表す単語に recently や these days があることも知っておこう。

592

gradually
[grǽdʒuəli]

徐々に

語彙の書き換え問題で出題されることが多く、by degrees や little by little で書き換えることができる。合わせて覚えておこう。

593

eventually
[ivéntʃuəli]

最終的に

いろいろと途中経過がある中で、最終的な結果を表す際に使われる。発音は「イヴェンチュアリー」となり、初めのスペルに引きずられて「イーヴン」と読まないように!

594

nevertheless
[nèvərðəlés]

にもかかわらず

対比・逆接を表すので、長文読解に役立つ語だ。特に空所補充の選択肢に使われることが多いので、絶対に意味を覚えておくように!

595

however
[hauévər]

しかしながら

　ここで示した「対比・逆接」の意味を
おさえたら、However ＋形容詞/副詞
＋ S' ＋ V'「たとえどれだけ～でも」と
いう使い方も確認しよう。どちらも読
解に必要な使い方だ。

596

yet（文頭）
[jét]

しかし

　現在完了の文で文末につけると
「まだ・もう」の意味だが、文頭に置くと
「対比・逆接」を表すので注意！ 特に
空所補充や下線部解釈で使われるこ
とも多い。

597

terrible
[térəbl]

恐ろしい

　もとは terror「恐怖」という名詞で
ある。名詞などに ～(a)ble がつくと
形容詞になるので、派生語を覚えるさ
に活用しよう。

598

moreover
[mɔːróuvər]

さらに

　furthermore と同様に「さらに」と
訳し、前文の内容の補足・追加に使
う。Tom is rich; moreover, he is
generous.「トムは金持ちで、さらに気
前がいい」のように使う。

599

except
[iksépt]

～を除けば

　except のあとに長い文章がくることが多いが、文意を正確につかみにくい。慣れないうちは、 except が出てきたら、一度読むのを中断して、なにを除くと言っているのか、 except 以下だけを集中して読むといい。

600

besides
[bisáidz]

に加えて

　beside「(前)のそばに」と混同しないこと。besides A は「Aに加えて」、beside A は「Aのそばに」。add「動詞・加える」の名詞形を使い in addition to～「～に加えて」と同じ意味で使われる。

記憶チェック用
600語
索　引

　ここでは「索引」として、本文中の見出し語600語を載せた。訳語と併せて覚えたかどうかのチェック用に活用してほしい。（単語の前にある数字は、本文でつけた単語のナンバーである。ページ数ではないのでご注意を）

　＜索引＞のあとには「関連語リスト」も載せたので合わせて使ってもらいたい。

A

277	abandon	動	捨てる
1	ability	名	能力
232	abolish	動	廃止する
493	abstract	形	抽象的な
531	abundant	形	豊富な
258	accept	動	受け入れる
317	accompany	動	同行する
234	accomplish	動	成し遂げる
236	account	動	占める
481	accurate	形	正確な
339	accuse	動	非難する
343	achieve	動	達成する
431	acid	形	酸の
287	acquire	動	習得する
576	actually	副	現実に
345	adapt	動	適合させる
237	add	動	加える
451	adequate	形	十分な
240	adopt	動	採用する
243	adjust	動	調節する
380	advance	動	進む
180	advantage	名	有利さ
406	advertise	動	広告する
28	affair	名	こと
296	affect	動	影響する
168	affection	名	愛情
436	aggressive	形	攻撃的な
41	agriculture	名	農業
245	aid	動	助ける
264	aim	動	ねらう
549	alien	形	外国(人)の
316	allow	動	許す
228	alternative	名	二者択一
536	ambitious	形	野心のある
101	analysis	名	分析

D

F

70	factor	名	要因
55	facility	名	施設・設備
269	fail	動	失敗する
126	faith	名	信頼
124	fame	名	名声
502	fatal	形	致命的な
138	fate	名	運命
191	fatigue	名	疲労
157	feature	名	特徴
7	fee	名	謝礼(金)
164	fever	名	熱
68	figure	名	姿かたち、数字
486	financial	形	財政の
118	flood	名	洪水
448	fluent	形	流暢な
88	focus	名	焦点
312	force	動	無理に〜させる
74	forecast	名	予測
331	forgive	動	許す
216	fortune	名	富
582	frankly	副	率直に
579	frequently	副	しばしば
59	fuel	名	燃料
338	fulfill	動	成しとげる
209	function	名	機能
491	fundamental	形	基本的な

G

273	gain	動	得る
122	gene	名	遺伝子
472	general	形	一般の
84	generation	名	世代
507	generous	形	寛容な
146	globe	名	地球
213	glory	名	栄光
11	goods	名	商品

513	inevitable	形	避けられない
154	influence	名	影響
489	innocent	形	罪のない
39	inquiry	名	調査
167	insight	名	洞察
260	insist	動	主張する
370	inspect	動	検査する
143	instinct	名	本能
206	institution	名	機関
108	intellect	名	知性
254	intend	動	～するつもりである
565	intense	形	強烈な
9	interest	名	興味、利益
392	interrupt	動	妨げる
514	intimate	形	親密な
403	invest	動	投資する
375	investigate	動	調査する
265	involve	動	含む・巻き込む
87	irony	名	皮肉
460	irrelevant	形	無関係な
399	isolate	動	孤立させる
153	issue	名	問題

J

| 179 | justice | 名 | 正義 |

K

| 570 | keen | 形 | 鋭い |
| 8 | knowledge | 名 | 知識 |

L

66	labor	名	労働
34	lack	名	欠乏
244	last	動	続く
591	lately	副	最近
62	latter	名	後者
485	legal	形	法律の
189	leisure	名	余暇

322	negotiate	動	交渉する
144	nerve	名	神経
594	nevertheless	副	にもかかわらず
293	notice	動	気づく
446	novel	形	新奇な
520	nuclear	形	原子力の
568	numerous	形	無数の
190	nutrition	名	栄養

O

313	obey	動	従う
86	object	名	対象
398	oblige	動	無理に〜させる
347	observe	動	観察する
298	obtain	動	獲得する
488	obvious	形	明らかな
116	occasion	名	場合
275	occupy	動	占有する
257	occur	動	起こる
529	odd	形	奇妙な
281	offer	動	差し出す
421	operate	動	作動する
33	opportunity	名	機会
495	opposite	形	反対の
480	optimistic	形	楽観的な
482	ordinary	形	普通の
412	organize	動	組織する
587	otherwise	副	さもなければ
561	outstanding	形	目立った
352	overcome	動	打ち勝つ
112	oxygen	名	酸素

P

89	pain	名	苦痛
252	participate	動	参加する
155	passage	名	(文章の)一節
182	passion	名	激情
497	passive	形	受動的な

82	product	名	生産物
123	profit	名	利益
279	prohibit	動	禁止する
517	prominent	形	目立つ
466	proper	形	適当な
100	prospect	名	見通し
202	prosperity	名	繁栄
319	protect	動	保護する
97	protest	名	抗議
267	prove	動	証明する
183	psychology	名	心理(学)
330	publish	動	出版する
519	punctual	形	時間に正確な
404	punish	動	罰する
113	purchase	名	購入
423	pursue	動	追跡する

Q

19	quality	名	質
20	quantity	名	量
85	quarrel	名	口論

R

142	race	名	人種
505	radical	形	急進的な
496	rapid	形	急速な
464	rare	形	まれな
177	ratio	名	比率・割合
506	rational	形	合理的な
391	react	動	反応する
270	realize	動	実現する
468	recent	形	最近の
291	recognize	動	認識する
368	recommend	動	推薦する
320	reduce	動	減らす
390	reflect	動	反射する
187	refuge	名	避難
261	refuse	動	拒否する

163	scope	名	範囲
299	secure	動	確保する
44	security	名	安全
420	seek	動	捜す
344	seize	動	つかむ
580	seldom	副	めったに〜（し）ない
534	selfish	形	利己的な
503	sensitive	形	敏感な
473	serious	形	まじめな
323	settle	動	定住する
450	severe	形	厳しい
192	shade	名	かげ（陰）
184	shame	名	恥ずかしさ
268	share	動	分ける
120	shortage	名	不足
479	significant	形	重要な
456	silly	形	ばかげた
91	situation	名	事態
470	slight	形	わずかな
83	society	名	社会
490	solid	形	固い、固体
127	solitude	名	孤独
378	solve	動	解く
583	somewhat	副	いくらか
522	sophisticated	形	洗練された
203	sorrow	名	悲しみ
32	sort	名	種類
67	source	名	源
31	species	名	種
564	specific	形	特定の
550	stable	形	安定した
27	standard	名	標準
351	stare	動	見つめる
171	state	名	状態
196	status	名	地位
226	stimulus	名	刺激
217	strain	名	緊張（状態）
459	strict	形	厳密な

207	tide	名	潮流
546	tiny	形	ちっぽけな
559	tolerable	形	耐えられる
49	tradition	名	伝統
219	tragedy	名	悲劇
386	transfer	動	移す
424	transport	動	輸送する
335	treat	動	扱う
98	trend	名	傾向
214	tribe	名	種族
498	trivial	形	ささいな
333	trust	動	信頼する
556	typical	形	典型的な

U

567	ultimate	形	究極の
105	universe	名	宇宙
376	utter	動	言う

V

560	vague	形	漠然とした
571	valid	形	妥当な
17	value	名	価値
428	vanish	動	消える
465	various	形	様々の
315	vary	動	変わる
458	vast	形	広大な
56	vessel	名	船・管
224	virtue	名	美徳
69	vision	名	見ること
501	vital	形	生命の
136	vote	名	投票

W

Y

関連語リスト

ここでは解説文中に出てきた、見出し語以外の語句を載せた。
600語を使いこなし幅を広げるためにも活用してもらいたい。

1	be able to	～できる
2	custom	習慣
3	a family budget	家計
5	at dawn	夜明けに
5	sunrise	日の出
5	sunset	夕暮れ
7	consulting fee	顧問料
9	be interested in～	～に興味がある
10	mass communication	マスコミ
12	effect on ～	～に対する効果
12	cause and effect	原因と結果
13	by degrees	徐々に
13	gradually	徐々に
14	necessary	必要な
15	economic	経済の
15	economical	経済的な
18	choose	選ぶ
18	make a choice	選択する
20	quality and quantity	質と量
21	corporation	大企業・法人
22	cancer screening	がん検診
23	national	国民の
24	defect	欠陥
26	on duty	勤務中
26	off duty	非番
28	The Kennedy affair	ケネディ(暗殺)事件
29	experiment	実験
30	depress	落ち込ませる
31	seed	種
31	our species	人類
31	the species	人類
32	this sort of dog	この種の犬
34	want	不足、必需品
34	shortage	不足、欠乏
34	luck	運

35	on average	平均して
38	roll	ころがる、丸くなる
38	play a role in	役割を果たす
39	inquiry agent	私立探偵
39	inquire A of B	AにBについて尋ねる
42	weather	天気
45	industrial	産業の
45	industrious	勤勉な
46	outcome	結果
47	harvest a crop	作物を収穫する
48	wealthy	富んだ
48	health	健康
48	healthy	健康な
49	traditional	伝統的な
50	believe	～を信じる
50	believe that…	…ということを信じる
50	belief that…	…という信念
51	run a risk	危険を冒す
53	Japanese Government	日本政府
54	a foreign policy	外交の政策
55	public facility	公共施設
56	blood vessel	血管
58	make an effort to ~	～しようと努力する
59	fossil fuel	化石燃料
60	poverty of common sense	良識の欠如
60	poor	貧しい
61	guilty	有罪の
61	innocence	無罪
62	former	前者
67	sauce	ソース
69	visual	見える
69	visible	見える
72	Antarctic Continent	南極大陸
72	Arctic Ocean	北極海
73	possibility that …	…という可能性
74	weather forecast	天気予報
80	a man of wisdom	知恵者
81	culture	文化

85	have a quarrel with A	Aさんと口論した
88	focus on ～	～に焦点をあてる
89	take pains	苦労する
90	accident	（偶然の）出来事
91	situate	置く、位置する
94	to some extent	ある程度は
99	attitude toward (to,on)	態度
101	analyze	分析する
103	bear witness to A	Aを証言する
105	universal	全世界の
106	at the mercy of ～	～のなすがまま
114	appetite for ～	～を欲する
116	on occasion	時々
117	miserable	惨め
118	after a great earthquake	大地震のあとで
120	short	不足
120	want	不足
122	genome	ゲノム
123	loss	損失
124	famous	有名な
125	sad	悲しい
126	face	顔
128	antipathy	反感
130	prospective	期待される
131	in my confidence	自信を持って
131	in his confidence	彼の信頼を得て
133	Industrial Revolution	産業革命
134	right to ～	～する権利
134	in one's own right	生まれながらの権利
136	boat	船
139	sin	罪（の意識）
141	war	戦争
144	nervous	神経質な
144	get on one's nerves	人の神経にさわる
145	create	創造する
146	global	地球的な
147	error	失策
151	under (in) the circumstances	そのような状況では

151	under no circumstances	けっして〜ない
152	in consequence	結局
152	consequently	結局
152	as a result	結局
154	have an influence on 〜	〜に影響を与える
155	column	コラム
155	writing	記事
156	Chinese characters	漢字
158	way	やり方
160	the Destinies	運命の女神
161	demand and supply	需要と供給
162	supply … with 〜	…に〜を供給する
163	telescope	望遠鏡
165	region	地域
166	real estate	不動産
167	sight	見えること
169	epidemic	流行・蔓延
171	in a (the) state of 〜	〜の状態
171	a state of health	健康状態
171	United States of America	アメリカ合衆国
173	in a bad temper	機嫌が悪い
177	proportion	割合
178	immigrate	移住する
178	emigrate	外に(外国)移住する
179	to do(人・物)justice	〜を公正にいえば
181	a natural phenomenon	自然現象
184	in shame	恥じて
184	with shame	恥ずかしくて
184	be ashamed of 〜	〜を恥じている
186	salary	給料
187	refugee	難民
190	nutritional	栄養学上の
190	nutritionist	栄養士
192	shadow	影
193	an excess of 〜	多すぎる〜
197	scholarship	奨学金
199	define	定義する
199	definite	確かな

260	insist that S+V	…を主張する
261	refuse to	〜しようとしない
262	divide A into B	AをBに分ける
264	aim to 〜	〜しようとする
264	aim at 〜	〜をねらう
265	be involved in 〜	〜に夢中になる
269	fail to 〜	〜に失敗する
269	not fail to 〜	かならず〜する
271	conclude that 〜	〜ということを結論する
274	employer	雇用者
274	employee	従業員
275	occupation	職業
276	including 〜	〜も含んで
278	education	教育
279	prohibit A from 〜 ing	Aが〜するのを禁止する
280	survival	生き残ること
283	compete with A for B	BのためAと競争する
284	complain of (about) 〜	〜について不平を言う
284	complain to 〜	〜に不平を言う
286	proceed to 〜	次に(続けて)〜する
290	approve of 〜	〜をよいと認める
291	recognition	認識
292	as far as 〜 be concerned	〜に関するかぎり
295	retire	引退
295	quit	終了する
298	obtain information about 〜	何とかして情報を手に入れる
302	respond to 〜	〜に応じる
302	response	反応
305	doubt	疑う
306	extend to 〜	〜にまで及ぶ
307	annoy 人 with 〜	〜によって人を困らせる
308	be disappointed that …	…ということに失望する
310	argue that …	…ということを主張する
312	force 人 to 〜	人に無理に〜させる
312	in force	実施中
313	obedience	服従
313	obedient	従順な
315	various	様々な

381	derive from 〜	〜から引き出す
382	escape from 〜	〜から逃げる
385	manage to 〜	なんとか〜する
388	persuade 人 of 〜	人に〜を説得する
388	persuade 人 out of 〜	人に〜しないように説得する
391	reactor (nuclear reactor)	原子炉
394	submit oneself to 〜	〜に服従する
395	I regret to say that …	残念ながら…です
396	attraction	催し、呼びもの
396	attractive	魅力的な
397	in this (that) respect	この (あの) 点では
398	oblige 人 to 〜	人に〜させる
399	isolate A from B	AをBから孤立させる
402	prevail among 〜	〜のあいだに広くいきわたる
403	invest money in 〜	〜に投資する
404	punitive	罰の
406	advertisement	広告
410	suffer from A	Aに苦しむ
411	attribute	(結果を) 〜に帰す
412	organization	組織
415	ignorant	無知な、無知である
416	contribute to 〜	〜に貢献する
417	field survey	野外調査
420	look for 〜	〜をたずね求める、期待する
425	care	配慮、心配
426	emphasis	強調
427	take back	撤回する
428	vanish from sight	視界から消える
431	acid rain	酸性雨
432	exactly	正確に
433	keep calm	冷静でいる
433	calm down	平静になる
433	calm oneself	気を落ち着かせる
437	individually	個々に
439	minor	少数の
439	majority	多数
439	minority	少数
440	be equal to 〜	〜に匹敵する

490	gas	気体
490	solid bank	堅実な銀行
492	unbelievable	信じがたい
492	credit	信用
494	in brief	要するに
495	opposite to 〜	〜とは反対の
496	a rapid stream	急な流れ
496	rapid progress	急速な進歩
500	be unwilling to 〜	〜したがらない
501	vitality	生命力
505	conservative	保守的な
509	internal	内部の
510	foreign	外国の
511	Prime Minister	総理大臣
511	primary	初めの
511	primary school	小学校
514	be intimate with 〜	〜と親密である
514	be familiar with〜	〜と親密である
515	civilized	文明化した
517	prominence	太陽の紅炎
518	modesty	謙虚
520	nuclear power plant	原子力発電所
520	nuclear energy	原子力エネルギー
521	principle	原理
523	amateur	素人
524	natural	自然の
526	curiosity	好奇心
527	an ancient civilization	古代文明
527	modern	近代の
529	an odd number	奇数
529	odd-numbered month	奇数月
531	abundance	豊富さ
532	blind	目が見えない
533	remote control	リモコン
536	Boys, be ambitious.	少年よ、大志を抱け
537	practice	練習
539	politely	礼儀正しく
539	politeness	礼儀正しさ

付録／単語力の生かし方

チャレンジ問題1

　次の文を読み、（　）にはいる語を下の1〜5から選び、また下線部を和訳せよ。

Early in their history the Egyptians invented a lunar calendar by carefully observing the move-ments of the moon. Such a calender caused diffi-culties because it did not (　　) the entire year. Then, somewhere in the Nile Valley, someone noticed that a very bright star began to appear above the horizon just before the floods came. The time between one rising of this star, which we now call Sirius, the Dog Star, and the next was 365 days, almost exactly a full year. The ancient Egyptians based their year on this cycle, dividing it into 12 months of 30 days each. <u>This system left them with five extra days,</u> which they used for holidays and feasting.

　　1. begin　　2. bend　　3. deserve
　　4. fill　　5. spend

知らない単語は、どんどん飛ばせばいい

　単語を数多く暗記すれば、英語の実力がつくかというと、けっしてそうではない。

　単語を暗記しただけではバラバラの知識があるだけで、それだけでは英文を読む力にはならないからである。

　要は、いかに文章の流れをつかみ、何について言っているにかをいかに理解するかである。それができれば、はじめて見る単語でも、文章の前後からその意味を類推できることも多いのだ。

　だいじなのは、そのために、自分が勉強した単語の知識をどう生かすかであって、たんに数多くの単語を覚えていても意味がないということだ。チャレンジ問題で、その点をもう一度、しっかり確認してほしい。まずは、知らない単語が出てきてもすこしも恐れるに足らないということを見ていこう。

◎英文を読むときのポイント

　さほどむずかしい英文ではないが、本書の600語には登場しない単語も当然ある。しかし、そういう単語はとばしていっても、文章の意味はちゃんととれるのだ。ためしに、一文一文見ていってみよう。
①「エジプト人は、その歴史の初期において、月の動きを注意深く観察することによって、lunar カレンダーを invent した」
＊とりあえず、カレンダーの作られた歴史の話だろうと推定できる。

②「そのようなカレンダーは、完全な年を（　）しなかったので、困難を引き起こした」

＊この時点では「完全な年」はどういう意味なのかよくわからないが、「完全な年」というのが重要なキーワードであることは、このパラグラフを最後まで読めばわかる。

③「その後、ナイル川のどこかで flood が来る直前に、とても明るい星が地平線の上に現われ始めることに気づいた人がいた」

＊ flood が何かわからなくても、今度は月ではなく、星の話になったことはわかる。

④「現在では犬星、シリウスと呼ぶこの星が現われてから次に現われるまでのあいだは、ほぼちょうど丸一年にあたる365日であった」

＊構文さえとれれば、意味はすぐとれる。

⑤「古代エジプト人は、この周期を基本に1年とし、30日ごとの12ヵ月に分けた」

⑥「このやり方は、余分な5日を残した。その日を、彼らは休日や feasting としてすごした」

＊⑤の文で1ヵ月を30日と決めていたことを考えると、30×12＝360日は、365日に5日足りないことになる。

　以上から、②の文の「完全な年」とは「丸一年」つまり「365日」の意味だとわかるから、選択技の中の fill が適当だとわかるだろう。

　また、下線部訳は「このやり方によれば5日余る」と意訳できる。

だいじなのは
キーワードになる単語をおさえておくこと

チャレンジ問題2

空欄に入れるべき四つの文が、順不同で下の A ～ D に示されている。意味の通る文章にするのに、もっとも適した配例を①～④のうちから一つ選べ。

The national health service of France started just after the war. [＿＿] New staff members are now plentiful, and their motivation is very high.

A. So French hospitals today are on average more modern and efficient than those in other European countries.

B. There were too few doctors and nurses, and the building of new hospitals did not keep pace with urban growth.

C. For a long period it remained very far from adequate.

D. But in the past ten or fifteen years, a wellfunded new program has radically improved the situation.

① A—B—D—C ② B—D—A—C
③ C—B—D—A ④ D—C—B—A

文章の流れをつかむのに必要な単語、関係のない単語

　市販されている単語集には、出題頻度順に単語が並べられているものがある。一見、役立ちそうだが、だいじなのは、文章の流れを理解するうえでカギとなる単語をいかにつかんでおくか、ということだ。たとえば「続ける」なのか「やめる」なのか、そうしたキーワードだけはつかんでおかないと、文章の理解がトンチンカンになってしまったり、まったく逆の意味にとってしまう恐れがあることは言うまでもない。

　本書の600語では、そうしたキーワードになる単語を重点的に選んでいることは言うまでもない。それが、英文理解のうえでたいへん役立つことを、このチャレンジ問題で見ていこう。

◎英文を読むときのポイント

　こうした整序問題では、それほどキッチリと訳せなくても、文章の流れがつかめればいいわけだが、そうしたとき、キーワードの理解が重要になってくる。

　まず全体の流れについて見当をつけていこう。冒頭の一文は、「フランスの国民健康サービスは、戦後すぐに始まった」と訳せる。最後の一文は、「新しいスタッフは plentiful で、motivation はとても高い」と訳せる。ここで plentiful と moti-vation という単語がわからなかったとしても、全体の流れは「フランスの国民健康サービスがよくなっている」ということだろうと見当がつく。

次に A 〜 D を見ていくと、

A「だから、現在フランスの病院は、他のヨーロッパ諸国の病院とくらべて平均的により近代的で能率的である」

＊ on average を「平均的に」と訳すのは、本書の解説文そのものズバリである。おそらく A は、最後の一文の直前の文だとめぼしがつく。

B「医師や看護婦は少なすぎたし、新しい病院の建設は都市の発達のスピードについていけなかった」

＊とりあえず、この文の前半部がわかれば、B の順番は前のほうだとわかる。

C「長いあいだ、十分というにはほど遠いままであった」

＊本書をちゃんと勉強していれば、この文は完全に意味がとれたはずである。C も順番は前のほうだとわかる。

D「しかし、過去10年から15年で、well-funded な新しい計画が radical に情況を改善した」

＊キーワードである improve と situation がわかれば、文章の意味はとれる。D は B と C の後に「しかし」とつながり、A の「だから」へ続くことがわかる。

　以上のことから、B → C → D → A または C → B → D → A の2通りに絞れるが、選択肢により、⑷が解答だとわかる。

ムダな単語暗記をやめるのが、
もっとも効率のいい英語勉強法

チャレンジ問題3

　次の英文の内容を60字〜70字の日本語に要約せよ。ただし、句読点も字数に数える。

　Traditional grammar was developed on the basis of Greek and Latin, and it was subsequently applied, with minimal modifications and often uncritically, to the description of a large number of other languages. But there are many languages which, in certain respects at least, are strikingly different in structure from Latin, Greek and the more familiar languages of Europe such as French, English and Gereman. One of the principal aims of modern linguistics has therefore been to construct a theory of grammar which is more general than the traditional theory ——— one that is appropriate for the description of all human languages and is not biased in favor of those languages which are similar in their grammatical structure to Greek and Latin.

まず、主語と述語を探せ

　最近の入試では、かならずといっていいほど長文が出される。これを細かく読んでいったら、持ち時間がいくらあっても足りない。とくに構文が複雑だったりすると、一語一語単語を思い出しながら読んでいくようなやり方は通用しない。

　その際ポイントになってくるのが、主語と述語を見つけることである。これについては本書の姉妹編である『合格英文150』に説明したので、詳しくはそちらを読んでほしいが、主語と述語だけを拾い読みしていっても、文章のおおよその意味と流れはつかめるのである。全体の流れを的確につかむには、ぜひこの方法をおすすめしたい。

◎英文を読むときのポイント

　長文を読むときに共通していえることだが、とくに要約の問題は、ざっと意味をとっていくことが重要だ。

　その際、カンマとカンマにはさまれた挿入句や挿入文は無視し、とばして訳していくようにする。そうしても、英文の意味をとるうえで、不都合は何もない。ここでも、そのやり方で、一つひとつの文章の意味をつかんでみよう。

①「伝統的な文法は、ギリシャ語とラテン語の基礎のうえに発展したものであり、多くの他の言語に当てはめられた」

＊この文の理解のポイントとなるのは、and 以下

の文章の主語である apply to が「〜に当てはめる」だとわかることである。文法についての話であることがわかる。

②「しかし、ラテン語やギリシャ語やフランス語や英語やドイツ語のような、もっとなじみ深いヨーロッパ諸言語とは構造において違っている多くの言語がある」

＊伝統的な文法には当てはまらない構造の言語があるということである。たいへん長い文章で、意味をとるのに苦労する人もいるかもしれないが、主語と述語をしっかりおさえたうえで、「構造」さえ訳せれば、意味をとるのはそうむずかしいことではない。

③「だから、近代 linguistics がその主要な目的の一つとしてきたものは、伝統的な文法より一般的な文法理論を構築することだ」

＊ linguistics の日本語訳を覚えている人は、ほとんどないと思われるが、文脈から言葉に関する学問、つまり言語学と思いつく。ダッシュ以下は、ダッシュ以前の部分の言い換えだと考えられるので省いてしまおう。本書であげた単語が、問題文を理解するうえでことごとくキーワードになっていることがわかるだろう。

　以上、①〜③をまとめると、次のような解答ができる。「伝統的な文法は、ギリシャ語とラテン語に基礎をおくが、近代の言語学は、ヨーロッパ諸言語のみならず、より一般的な文法理論の構築を目的とする」（70字）

章末テスト（第2章分）

ここまで学習してきた単語を覚えているか、下のテストで確認しよう！

<問> 次の英単語の意味を書きなさい。

番号	英単語	意味
1	climate	
2	government	
3	crisis	
4	fortune	
5	wage	
6	temperature	
7	pain	
8	focus	
9	wisdom	
10	labor	
11	figure	
12	decade	
13	fuel	
14	opportunity	
15	impression	
16	effect	
17	fatigue	
18	plague	
19	evolution	
20	disaster	

<解答>
シートをかぶせてお使いください。

番号	英単語	意味
1	climate	気候
2	government	政府
3	crisis	危機
4	fortune	富
5	wage	賃金
6	temperature	気温・温度
7	pain	苦痛
8	focus	焦点
9	wisdom	知恵
10	labor	労働
11	figure	姿かたち・数字
12	decade	10年
13	fuel	燃料
14	opportunity	機会
15	impression	印象
16	effect	効果
17	fatigue	疲労
18	plague	疫病
19	evolution	発展
20	disaster	災害

章末テスト（第3章分）

ここまで学習してきた単語を覚えているか、下のテストで確認しよう！

<問> 次の英単語の意味を書きなさい。

番号	英単語	意味
1	trust	
2	seek	
3	exist	
4	achieve	
5	accept	
6	solve	
7	advertise	
8	imitate	
9	permit	
10	ignore	
11	confuse	
12	extend	
13	refuse	
14	eliminate	
15	apologize	
16	continue	
17	exchange	
18	reduce	
19	investigate	
20	hesitate	

<解答>
シートをかぶせてお使いください。

番号	英単語	意味
1	trust	信頼する
2	seek	捜す
3	exist	捜す
4	achieve	達成する
5	accept	受け入れる
6	solve	解く
7	advertise	広告する
8	imitate	まねる
9	permit	許す
10	ignore	無視する
11	confuse	混乱させる
12	extend	広げる
13	refuse	拒否する
14	eliminate	除く
15	apologize	謝罪する
16	continue	～続ける
17	exchange	交換する
18	reduce	減らす
19	investigate	調査する
20	hesitate	ちゅうちょする

ここまで学習してきた単語を覚えているか、下のテストで確認しよう！

<問> 次の英単語の意味を書きなさい。

番号	英単語	意味
1	moreover	
2	fluent	
3	thick	
4	strict	
5	gradually	
6	recent	
7	independent	
8	vague	
9	frequently	
10	lately	
11	probably	
12	opposite	
13	efficient	
14	sufficient	
15	eventually	
16	various	
17	accurate	
18	ancient	
19	patient	
20	nevertheless	

<解答>
シートをかぶせてお使いください。

番号	英単語	意味
1	moreover	さらに
2	fluent	流暢な
3	thick	厚い・濃い
4	strict	厳しい
5	gradually	徐々に
6	recent	最近の
7	independent	独立した
8	vague	曖昧な
9	frequently	しばしば
10	lately	最近
11	probably	たぶん
12	opposite	反対の
13	efficient	能率的な
14	sufficient	十分な
15	eventually	最終的に
16	various	様々な
17	accurate	正確な
18	ancient	古代の
19	patient	忍耐強い
20	nevertheless	にも関わらず

改訂2版　合格英単語600

2007年　4月25日	初版	第1刷発行
2017年　2月　1日	新装版	第1刷発行
12月　7日	改訂2版	第1刷発行
2018年10月　1日	改訂3版	第1刷発行
2019年12月　3日	改訂4版	第1刷発行
2021年　5月　2日	改訂5版	第1刷発行
2022年　7月　4日	改訂版	第1刷発行
2023年11月20日	改訂2版	第1刷発行

編　　　者	受験情報研究会
発　行　者	池田雅行
発　行　所	株式会社　ごま書房新社
	〒167—0051
	東京都杉並区荻窪4丁目32−3
	AKオギクボビル201
	TEL 03—6910—0481（代）
	FAX 03—6910—0482
DTP	田中敏子（Beeing）
印刷・製本	精文堂印刷株式会社